守中高明

他力の哲学

赦し・ほどこし・往生

河出書房新社

他力の哲学——赦し・ほどこし・往生　目次

他力の哲学——赦し・ほどこし・往生

序　ふたたび祈りの姿勢をとるために——あるいは遅れてきた至急便

いったいどれだけの歳月が流れただろう、こうしてきみに語りかけることができるようになるまで、きみに宛てて、もう一度書き送ることができるようになるまで、いったいどれだけの時間がかかったことになるのか。私が沈黙を続けてきた理由はなにか——あの頃の私はまだ、自分の言葉が届かないことを嘆くだけで、きみと私をなにが隔てているのかを正確に理解することができなかった。

いろいろな問いが渦巻いていた。なによりもまず、ハイデガーによる人間存在の実存論的分析があった。私たちの誰もがつね日ごろかかえている「不安」を、ハイデガーは「根本的情態性」として把握し直したうえでそれこそを「世界」が開き示される重要な契機と見なしたということ、あるいは日常のうちに埋没し「頽落」した「世人」であることから「良心の呼び声」に聴き従い、死の可能性を「先駆」において了解することによってこそ「本来的」時間が獲得されるということ——『存在と時間』（一九二七年）を構成するこうした基本的な考えかたは、この世界を生きる人間すべてにとっての真実を語っているように思われたし、きみにとってはほとんど公理のような価値を持っていた。そして他方、ハイデガーと同時にきみの前にあったのがフロイト、それもかの『夢解釈』（一九〇〇年）のではなくて後期のいわゆる「メタサイコロジー」論考前後のフロイトだった。『喪とメランコリー』（一九一七年）や『不気味なもの』（一九一九年）、そしてとりわけ『快感原則の彼岸』（一九二〇年）がきみを圧倒していた。若い駆け出しの僧侶だったきみにとって「喪の作業」という概念は、死者を弔うことの意味を考えるうえで大いに役立ったし、第一次世界大戦という未曽有のカタストロフィーの経験を深く受けとめた結果、人間存在のうちに快の追求と自己保存の本能を超えて、みずからを無機物へと帰せしめようとする「反復強迫」そして根源的な「死の欲動」を見て取るフロイトの理論は、本人が言うような「思弁」などではまったくなく、人間存在の謎を正確に射抜く強力で鋭い矢だと映った。そこには、私たちの思考のパラダイムを決定する賭札が、たしかにあると思われたのだった。

あれから、きみも私もたくさんの本を読んだ。実にたくさんの、人文学のありとあらゆる分野にわたる何千冊もの書物の数々を。「ポストモダン」と呼ばれた潮流のただなかにあって――一九七〇年代の終わりから一九八〇年代の終わりへかけて、東西冷戦が最後の局面を迎えようとしていたとき――、私たちは貪欲に「知」を吸収していった。ハイデガーとフロイト、それにニーチェとマルクスを加えた土台のうえに、来たるべき時代の思考の星座がきらめいていて、きみはまるで飢えた獣みたいにそのつど狙いを定めては読破していった。書物はきみにとって生きる環境以外のものではなかったし、それゆえそこには震えるような快楽があり、ときには耐えがたい苦痛もあった。そんな身体的経験をもたらした本のうちの何冊かを、きみはみずから翻訳しこの国に紹介することもした。それらの本の著者たちの思考は今でもきみの思考を基礎づけているし、実際、きみ自身が本を書くようになったのも、彼ら／彼女らから受け取った「知」を、今度は自分が他の誰かに手渡さねばならないと考えたからにちがいない。

けれども、まさにその「知」の位置づけをめぐって、というよりもみずからの「知」のあり方をめぐって、私たちはしだいに異なる考えを持つようになった。きみはあいかわらず哲学書を渉猟しては独自の想念に耽ることをやめなかった。きみにとって「知」は終わりのない上昇過程のうちのみにあり、それ自体で完結した領域を形づくっているように見えた。たとえばきみは――ほんの一例だけれど――、龍樹＝ナーガールジュナの『中論』とヴィトゲンシュタインの『哲学探究』とのあいだに完全な相同性を見て取り、そこに論理的思考の究極形態が、「智慧」の完成形があると信じた。そしてそのような厳密な「智慧」に達することもなしに仏教を語る僧侶たちを、心のなかで軽蔑してさえいた。私はと言えば、そんなきみとほとんど同じ経験を重ねながら、なにかが違うと感じていた。けれど、そのなにかを明確化できずにいた。

でも、今なら言える。いったいなにが私たち二人を隔てているのか、なにが違うのか――それは、非－知（ジョルジュ・バタイユ／吉本隆明）への通路の決定的重要性の認識だ。「知」はきみが誤解しているように、その上昇過程だけで完結するものではない。「知」はそれだけでは、いわばなにものでもない。それは高みにむけて昇りつめたと思われたその瞬間に、非－知へと反転し、みずからを無化しなければならない。「上昇」のプロセスとまったく同じ「下降」のプロセスを経てはじめて、それは現実化されるのだ。同じことをこの国の仏教は、とりわけ法然－親鸞－一遍へと展開された浄土教は「往相《おうそう》と還相《げんそう》」という概念によって説明している。「往相廻向《えこう》」とは「みずからの功徳を一切衆生にふり向け施すことによって、ともに安楽浄土に往き生まれんと願うこと」であり、「還相廻向」とは「かの浄土に生まれたのち、現実世界へ還り一切衆生を導き救って、ともに仏の道へ向かうこと」を言う（これは法然－親鸞が依拠している曇鸞の『往生論註』による定義だ）。非－知にせよ「還相」にせよ、それが語っているのは「知」や修行が自己のうちにとどまっているだけでは不完全であること、みずからを反転させることで他者へむかう通路を開かなければ意味がないということにほかならない。問題なのは世界認識の精度ではまったくない。そうではなく、思考を現実化し、「一切衆生」とともに救われる道を追求することこそが「知」に課せられた責務なのだ。

今さらなにを正義漢ぶっているのか——そうきみは揶揄し、あるいは冷笑するかも知れない。そんな反応が返ってくるだろうことは承知のうえだ。しかし、私はもう迷わない。この世界を生きるうえでなにが最も大切か、なにを最優先させなければならないか、そのことについて考え抜いた地点から、つまりは、私なりの限界的な非－知と「還相廻向」の立場から、私はこの手紙を書いている。だから、これから私が語ることは転向した臆病な倫理主義者の妄言でもなければ、現実から目をそむけて宗派の教義のなかに閉じこもった坊主のお説教でもない。反対に、現在の世界情勢下で宗教の思考になにが可能か、とりわけ法然－親鸞－一遍の思考がどのように現実の変革に役立つか、そしてどのように万人救済の道を指し示しているか、それだけを私は語ろうと思う。

それゆえにここで私は、浄土教のさまざまな概念を語ると同時に、現代の哲学的思考を援用することもためらわない。たとえばジル・ドゥルーズ＆フェリックス・ガタリの「生成変化」による闘争の方法論やジャック・デリダによる「脱構築」の戦略がここでは時々参照されることになる。だが、それは浄土教の教えを現代哲学に還元するためではないし、ましてやみずからを「知」的に権威づけるためなどではまったくない。そうではなく、非‐知に徹しつつ、しかし同時代の思考を補助線として活用することが、私の考えを広く伝えるために有益であり、そうすることが現実的で、実践的であると信ずるからだ。実際、世界資本主義の現在が「新自由主義」経済の暴力をふるうことをやめず、その経済システムに適合する人的資源たれという圧力を社会全体にかけてくるとき、どうすれば「万人救済」を語ることができようか。素朴な信心だけでは問題は解決しないし、救いはないだろう。資本主義の暴力はいつだって私たちの精神と肉体を侵しているのだし、貨幣という尺度――「一般的価値形態」とマルクスは言った――によって現在と未来を測られている点で、私たちはみな同じ地平にいる。だからこそ、今ここで、別の地平への展望を拓くことが急務だと私には思われるのだ。別の地平――そう、宗教の思考の力は、出口がなく絶望的に閉ざされたように感じられる場所で、別の視野を、別の尺度を、別の感受性をもたらす点にこそある。

ハイデガーが私たちの共通の出発点だったことはすでに思い出しておいた。だが、私はここで、一貫して――明示的でないところでも――ハイデガーによる人間存在の理解のどこがどのように間違っているかを指摘し、別の人間存在の理解の仕方を示すつもりだ。そのうえで、いくつかの仏教概念の読み直しへと問いを集約しようと思う。たとえば、誰かを「赦す」とはどんなことか、あるいは「赦されてある」こと、「赦し」という出来事が場を持つとき、私たちの存在そして社会けどのように変わるのか。誰かになにかを「ほどこす」とはどんなことか、「ほどこし」という営みがその純粋形態において行なわれるとき、そこにはいったいなにが起きるのか。そして「往生」とはいったいどんな経験か——あらかじめ言っておけば、それは死後に来世に生まれることではない。現代において、この世界とは別に「極楽浄土」なる場所が実体として存在するなどという考えは、むろん誰にも受け入れられるはずもない。そしてそもそも、法然も親鸞も一遍もそんな意味で「往生」を説いていたわけではまったくない。そうではなく、それは私たちが生きてあるままで経験する、まったきいい現実の出来事なのだから。

さて、もうこの遅ればせの手紙をきみに宛てて投函し、出発しなければならない。たくさんのたどるべき道、たくさんの突破すべき門があり、そしてたくさんの豊かな経験の領野が待っている。もうすぐだ、もうすぐ私たちはいっしょに、ふたたび祈りの姿勢をとることができるはず。

第Ⅰ部　「他力」という力

第一章　法然の革命——人民のための浄土

（一）「一切衆生」とともに

日本宗教史において法然が果たした役割、その思考と実践の特異性は、しばしば「革命的」だと言われる。その形容は誇張ではまったくない。「革命＝revolution」とは、もともと天体の公転のような巨大な旋回〔ラテン語の revolvere → revolutio〕、すなわち、それ以前と以後では世界がすっかり様相を変えてしまい、後退不可能な変化を引き起こす、そんな大転換を指す言葉だ。法然の出現は、そのような未聞の出来事であり、それがもたらしたきわめて深いインパクトは宗教界のみならず社会の隅々まで波及した。だがそれは、いったいどんな革命だったのか。

専修念仏による一切衆生の救済——法然の生涯を賭けた宗教活動は、たしかにそう要約し得る。だが、この一句を実行することがどれほどの困難をともなったか、同時代の宗教的イデオロギーと社会構造からどれほどの反発を招いたか。それを知るためには伝記的事実を多少とも見ておかねばならない。

法然の生涯を語るとき、かならず言及されるいくつかの目印がある。なによりもまず、そしてつねに変わらぬ根拠であり続けた善導の『観経疏』との出会いによる心の転回＝「廻心《えしん》」があった。

それはつぎのような簡潔な一文によって引き起こされた——

　一心に専ら弥陀の名号を念じて、行住坐臥《ぎょうじゅうざが》、時節の久近《くごん》を問わず、念々に捨てざるもの、これを正定《しょうじょう》の業と名づく。かの仏の願に順ずるが故に。(1)

「一心にひたすら阿弥陀仏の名を称え、歩いているときもとどまっているときも座しているときも臥しているときも、時間の長短を問わず、片時もやめることのないこと、これをかならず救われる行ないと名づける。なぜなら、この行ないこそは阿弥陀仏の誓願にかなっているからである」——実に平易な一文、そしてこれ以上ないほど単純にして明快な言葉だ。しかし、ここには、それまでの日本仏教史上の教義の数々を極限的に圧縮する力がかけられており、かつ、精密に分節化された論理がひそんでいる。「ひたすら阿弥陀仏の名を称え」ることが、その「誓願にかな」う行ないであるがゆえに「かならず救われる行ない」であるというこのテーゼは、実のところ、法然による善導の再解釈においてはじめて明確化された、まったく独自の宗教的思考の表現なのである。

　法然はつねに最高度の知によってみずからの思考を鍛え続けた宗教家だった。平安末期、一一三三〔長承二〕年に生まれた法然＝幼名・勢至丸の出家の機縁となったのが、九歳のときに美作国《みまさかのくに》久米の押領使《おうりょうし》〔＝その地域の治安維持等を任務とする豪族〕であった父・漆間《うるま》時国《ときくに》を、稲岡の預所《あずかりどころ》〔＝荘園の管理者〕・源内武者定明《さだあきら》の夜討ちによって喪ったことにあるのはよく知られている。臨終の床で時国は、怨恨の連鎖につながる仇討ち——それが当時の武士の習わしであった——を固く禁じ、

「出家して、私の菩提を弔うと同時にみずからの解脱を求めよ[2]」と遺言した。この言葉にうながされて、勢至丸はまず母方の叔父である僧・観覚のもとで学び始めるが、その非凡な才能を見て取った観覚の勧めにより、十三歳になった勢至丸は当時の最高学府である比叡山・延暦寺に登り、まず持宝房源光について教えを受け、十五歳のとき天台座主・行玄を戒師として受戒、それ以後、功徳院阿闍梨皇円の指導下で天台教学の高度な教養（『法華玄義』、『法華文句』、『摩訶止観』のいわゆる「天台三大部」）をわずか三年ほどで身につけてしまう。

　だが、稀有な秀才が正統なエリートの道を歩むかに見えたのはここまでだった。師の皇円をして「学道をつとめ大業をとげて、円宗（円頓宗＝天台宗のこと）の棟梁となり給へ[3]」と言わしめたほどの異能ぶりを見せたにもかかわらず、若き法然は、この最高学府で受ける教育が「名利の学業[4]」、すなわち、みずからの名誉と利益を求める学問となることを厭い、皇円のもとを去って、一一五〇（久安六）年、十八歳で比叡山・黒谷別所に「隠遁」する道を選ぶ。この別所——教団のメインストリームからあえて外れてみずからのために修行する聖たちの場——で法然を迎えたのが慈眼房叡空であり、この「円頓戒（＝天台宗が主張した大乗菩薩の僧としての精神的規範）相承の正統[5]」たる叡空の目にも、法然は稀有の才能と映った。亡き父の遺言を忘れず、早くも「出離の心」を起こしている「少年」を見て「まことにこれ法然道理（＝あるがままの真理の姿）のひじりなり[6]」と感嘆した叡空が「法然房」の号を授けたのがその名の由来である。この黒谷別所に「蟄居」しながら、これ以後約二十五年間、法然は「ひとへに名利をすて」「たしかに、生死をはなるべきといふこと[7]」を諦めないために「一切経」を数度にわたって読破し、諸宗派の注釈書の数々すべてをも遺漏なく読むという超人的な研鑽を続けることになる（「出離」や「生死を離る」という言葉は、『法然上人行状絵図』〔法然没後一〇〇年頃成立〕に読まれるそのままの引用だが、これらの概念が当時なにを意味していたか、そして現代の私たちにとってなにを意味するかという点は、ひとまず措こう）。

「別所」に「蟄居」して万巻の書を読みつつ、法然はしかし、沈思黙考していたわけではなかった。二十四歳のとき（一一五六〔保元元〕年）、嵯峨の清涼寺で「七日参籠」をして「求法《ぐほう》の一事を祈請」(8)したのを皮切りに、あるときは南都＝奈良の興福寺に法相宗の碩学・蔵俊を、あるときは醍醐に三論宗の学匠・寛雅を、さらに仁和寺に華厳宗の名匠・慶雅を訪ね、そのときどきに徹底した議論をたたかわせた。その結果はどうだったか。法然の知の深さと鋭さは、これらのなみ居る高僧たちを驚愕させ、「智恵第一のほまれ」「多聞広学」(9)の評判が世にあまねく伝わりもした。しかし、法然は失望と虚しさを覚えるだけだった。なぜなら、各宗の智者たちもそれぞれに宗派の教えに通じており、その教理はそれ自体として整合性を持っていたが、それらの優劣・深浅は既存の教学問の相対的なものでしかなく、みずからの「求法」に、すなわち法相・三論・天台・華厳等の諸宗の理論をすべて知り尽くしたうえで、なお「出離の道にわづら」って「身心やすから」(10)ぬ「わがこの身」(11)を救ってくれる教えは、ついに聞くことができなかったからだ。

「わがこの身」――法然にとってそれは、凡夫そのものを意味する。それは非凡／平凡といった日常的評価を表現する語ではない。そうではなくそれは、この時代を生きるすべての人間を指す語であり、法然が独自の意味をこめて使う概念だ。そもそも最高学府たる比叡山で学び、「一切経をひらき見給ふこと五遍なり」[12]と証言される天才が、なぜ「凡夫」なのか。法然によれば「すでに戒定恵の三学の器」にない「我等ごとき」[13]はすべからく「凡夫」である。「戒学」とは戒律を守り〈身口意の三悪を止め善を修すること〉であり、「定学」とは禅定を修め〈心の散乱を防ぎ安静にすること〉、そして「恵学」とは智慧を身につけ〈すべての事柄の真実の姿を見極めること〉を言うが、そのいずれを修めるにも遠く及ばぬ「我等」の本性を、法然はつぎのように表現している――

凡夫の心は物にしたがひてうつりやすし、たとへば猿猴《えんこう》の枝につたふがごとし、まことに散乱して動じやすく、一心しづまりがたし。[14]

又凡夫と申《もう》す二の文字をば「狂酔のごとし」と、弘法大師釈し給へり。げにも凡夫の心は、物ぐるひ、さけにゑひ〔酔い〕たるがごとくして、善悪につけて、おもひさだめたる事なし。一時に煩悩百たびまじはりて、善悪みだれやすければ、いづれの行なりとも、わがちからにては行じがたし。[15]

ここには、人間存在の拭いがたい惰性態についての法然の透徹した眼差しがある。早くから天台教学を修め、のみならず諸宗派の教理に通じた法然自身は、一般的な意味においては「三学の器」であり、「戒」によって身を律し「定」によって精神を集中し「恵」によって世界の真実を見抜く力をそなえていたと言うことはできる。その力は余人の追随を許さないものでもあっただろう。にもかかわらず法然は、みずからを含む「我等」を「凡夫」と呼び、その「凡夫」＝「我等がごとくの無智の身」(16)のためにこそ先の善導の一文が差し出されているのだ、と断言する。

なぜか。それはみずからが「凡夫」たることとの深い自覚を持ち、そのことを表明することによって、先行する仏教諸宗派が排除してきた「無智のともがら」＝人民を可視化し、みずからがその一員にほかならぬ人民をそれ自体として救済の目的とするためだ。たとえば法然自身が経験した天台宗・比叡山延暦寺は、救いのためにどのような「行」を課すか。稀な例外者のみが実行し得るかの「千日回峰行」や、別の意味で同様に厳しいと言える「十二年籠山行」を別としても、『摩訶止観』に基づく最も伝統的な修行である「四種三昧」ですら、それを実践し得るのは、精神的にも肉体的にも選ばれた少数の人間、文字どおりのエリートのみである（「四種三昧」とは、「常坐三昧」＝孤独に坐禅に没入し一日二度の食事と用便以外は九十日間坐り続けること、「常行三昧」＝阿弥陀仏のまわりを念仏を唱えながら九十日間行道し決して坐りも臥しもしないこと、「半行半坐三昧」＝五体投地と法華経読誦を組み合わせて歩くことと坐ること、「非行非坐三昧」＝行法の定めなしに毎日の生活を形の見えない高度な規範に合わせて送ること――以上の四つの修行を言う）。そこには明らかにヒエラルヒーがあり、知的・身体的に一定の階層以下の能力しか持たない人間には救いへの道が閉ざされている。しかも、問題はそれだけではない。そのような「行」を修したとしても、その結果はただ天台宗の教義によってのみ評価されるのであり、したがって修行者たちのあいだにも階層秩序が生まれてしまう。この秩序にしたがい、それを維持し、確かに再生産する者だけが救われる――それが当時の常識だった。

法然が出会った善導の一文、そしてそれを起点として構築された専修念仏の教えは、まさしくそのような常識を打ち破るものだ。その「心」が「散乱して動じやす」く「しずまりがた」い「凡夫」、「いずれの行」も「わがちから」、すなわち自力によっては実行できない「凡夫」のためにこそ、法然はまったく新しい教えを差し出した。のちに六十五歳になった法然が、九条兼実の求めに応じて書きあげた浄土宗の理論的集大成の書『選択《せんちゃく》 本願《ほんがん》念仏《ねんぶつ》集《しゅう》』（一一九八〔建久九〕年）には、つぎのようなくだりが読まれる——

> 念仏は易きが故に一切に通ず。諸行は難きが故に諸機に通ぜず。しかれば則ち一切衆生をして平等に往生せしめんがために、難を捨て易を取りて、本願としたもうか。(17)

決定的な宣言だ。ここでは、称名念仏が「易き」行であるがゆえに選び取られ、先行宗派が課すような「諸行」は「難き」行であるがゆえに捨てられている。それはただ「一切衆生を平等に往生せしめんがため」なのである。そしてここにはもう一つ大切な点がある。それは、この選択の主体は法然ではなく阿弥陀仏自身だと、法然が書いていることだ。「しかれば〔…〕本願としたもうか」という部分が敬語であることに留意しよう。日本語の特性からここで省かれている主語は、阿弥陀仏なのである。

ここには、称名念仏による救済の論理の要がある。それは「衆生」が自力でみずからを救うのではなく、「衆生」の救済はつねにすでに阿弥陀仏の力によって「決定《けつじょう》」している、という論理にほかならない。善導による『無量寿経』の注釈を引きながら法然が組み立てている念仏による救済の理路は、つぎのようなものだ。

法然はまず、『無量寿経』に書かれた法蔵菩薩による四十八の誓い＝「四十八願」の中から第十八願をそのまま引く――

無量寿経の上に云く、
たとい我れ仏を得たらんに、十方の衆生、至心に信楽して、我が国に生ぜんと欲して、ないし十念せんに、もし生ぜずといわば正覚を取らじ、と。(18)

「たとえ私が仏になることができたとしても、十方世界の衆生がまことの心をこめて信じ願い、私の国〔＝浄土〕に生まれたいと欲して、十回念ずるに及んでも、もし生まれることができなければ、私は正しい悟りを得た仏にはなるまい、と」――法蔵菩薩の四十八の誓いがすべてこのような「たとえ私が仏になることができたとしても、……ならば、私は正しい悟りを得た仏にはなるまい〔「設我得仏……不取正覚」〕」という構造をしていることに留意しておこう。そしてここで重要なのは、この『無量寿経』の原文中には、いまだ「称名」の記述はないということである。ここで「十念」と言われているのはいまだ「十回念ずる」、「十度そう祈念する」という意味にとどまっている。だが、法然はここで微細だが決定的な読み替えをする。法然は善導の『観念法門』における注釈に準拠して、つぎのような転位を行なうのだ――

観念法門に、上の文を引いて云く、

もし我れ成仏せんに、十方の衆生、我が国に生ぜんと願じて、我が名号を称すること下十声に至らんに、我が願力に乗って、もし生ぜずは正覚を取らじ、と。[19]

先の「ないし十念せんに」＝「十回念ずるに及んでも」が、ここでは「我が名号を称すること下十声に至らんに」＝「私の名を称することわずか十回であっても」と書き換えられている。すなわち、仏の国に生まれたいと「念」ずることから、仏の「名」を「称する」ことへの転換がなされているわけだ。この転換ないし飛躍の意味するところはきわめて大きい。そして、法然が善導の別の注釈書『往生礼讃』からつぎのように加えるとき、「称名念仏」による救済の論理が明確なものとなる――

往生礼讃に、同じく上の文を引いて云く、

もし我れ仏と成らんに、十方の衆生、我が名号を称すること下十声に至らんに、もし生ぜずは正覚を取らじ。かの仏、今現に世にましまして仏に成りたまえり。まさに知るべし。本誓の重願虚しからず、衆生称念すれば、必ず往生することを得、と。[20]

「十方世界の衆生が、私の名を称することわずか十回であっても、もし浄土に生まれることができなければ、私は正しい悟りを得た仏にはならない」と久遠の過去に世自在王仏のもとで誓ったその法蔵菩薩は、長い修行の末にすでに十劫《じっこう》の昔に「正覚」を得て、「今現に」仏となっている（「成仏已来、おおよそ十劫を歴《へ》たまえり」〔『無量寿経』〕）。したがって、法蔵菩薩の誓いはすでに実現しているのであってみれば、その「名号を称する」人が「往生」することもまた確かに約束されている。称名念仏者の救いはつねにすでに「決定《けつじょう》」しているのだ——これが『無量寿経』とそれを注釈する善導の書から法然が導き出した、救済の論理である。

だが、現代を生きる私たちは、こうした思考を前にして「しょせん前近代の神話的言説の内部での議論にすぎないではないか」と考えて、事を片づけようとするかも知れない。しかし、それこそは法然の思考の本質を見誤る浅知恵だと言わねばならない。

第一に、「易き」行である称名念仏を法然がどのような歴史的‐宗教史的文脈の中で選び取ったか。すでに概観したように、先行する仏教諸派がすべて「悟り」や「解脱」の条件として知的にも身体的にも高度な訓練を要するさまざまの方法論にもとづいた行を課し、その結果、仏教による「救い」を少数者のためのものとしてきたのに対して、法然だけが一人、「凡夫」の自覚——それはきわめて高度な教養の積み重ねの果てに行き着いた、深い自己省察の帰結である——に立ち、決然と「一切衆生を平等に往生せしめ」ることを唯一の目的とした。その目的を達するために法然は、誰でも、そしていつでも実行できる称名念仏に一切の「行」を集約し焦点化した。これは、それまで多種多様な教義によって十重二十重《とえはたえ》に条件づけられてきた宗教的救済を、完全に無条件化したことを意味する。この条件性の解除の仕方は徹底している。その教えが大衆に、同時代の人民に広く受け入れられてから投げかけられた素朴な問いの数々に、法然はそのつど丁寧に答えているが、たとえばつぎのような問答がある——

問ていはく、一声の念仏と、十声の念仏と、功徳の勝劣いかむ。
答ていはく、たゞおなじ事也。(21)

問ていはく、最後の念仏と、平生の念仏と、いづれかすぐれたるや。
答ていはく、たゞおなじ事也。(22)

これはいずれも『念仏往生要義抄』に読まれる問答だが、法然の称名念仏のラディカルさを物語っている。念仏が往生の唯一の条件だとしたら、一般に人は、それを可能なかぎり多く称えることがよりよいと考えてしまうだろう。だが、それこそは天台的な自力・作善主義の残滓なのだ。念仏は「一切衆生」に開かれている。そして『無量寿経』第十八願において称名念仏者の往生は「決定《けつじょう》」している。「かるがゆへにかずの多少を論ぜず、往生の得分はおなじき也(23)」と法然は言い切るのだ。二番目の問いについても事は同様である。平生《へいぜい》＝日常のときの念仏も臨終の際の念仏も、念仏であるかぎりにおいてまったく等価である。それどころか「平生の念仏」もそのさなかに「死ぬれば臨終の念仏となり」、「臨終の念仏」も命が「のぶれば〔延びれば〕平生の念仏となる也(24)」と法然は言う。ここには、称名だけをみずからの支えとして、残余の一切を阿弥陀仏の大慈悲にまかせる「他力」の神髄がある。法然は書いている——

自力とい（ふ）は、わがちからをはげみて、往生をもとむる也。他力とい（ふ）は、たゞ仏のちからをたのみたてまつる也。このゆへに正行を行ずるものをば専修の行者といひ、雑行を行ずるをば雑修の行者と申也。[25]

これに続けて法然は、善導を引きつつ専修念仏の万人への開かれを再確認する。「専修のもの」、すなわち称名念仏という正行に勤めている者は「十人は十人ながら、百人は百人ながら」往生できる。なぜならそれが「弥陀の本願」に「相応」しているからだ。反対に「雑修のもの」、すなわち念仏以外の行を修している者は百人のうち一人か二人、千人のうち四人か五人程度しか往生できない。なぜならそれは「弥陀の本願」にも「釈迦の教」にも「相応」せず、阿弥陀仏への思いが途切れがちになるがゆえに、「名利」、すなわちみずからの名誉や利益に「相応」するばかりで、その結果、みずからばかりか他者の往生をも妨げてしまうからだ、と。[26]「自力」による行は、結局のところ、その功徳を自分のもとに回収するだけであり、「一切衆生を平等に往生せしめん」という「弥陀の本願」に反してさえいる——これが法然の強い信念なのだ。

救済のこの無条件化からただちに帰結するのが、救済の完全な平等性である。称名念仏のみを条件なき条件とする法然の教えによって、文字どおり万人を包摂する平等の地平が開かれてくる。たとえば、名高いつぎのくだり——

もしそれ造像起塔をもって本願とせば、貧窮困乏の類は定んで往生の望を絶たん。しかも富貴の者は少なく、貧賤の者は甚だ多し。もし智慧高才をもって本願とせば、愚鈍下智の者は定んで往生の望を絶たん。しかも智慧の者は少なく、愚痴の者は甚だ多し。もし多聞多見をもって本願とせば、少聞少見の輩は定んで往生の望を絶たん。しかも多聞の者は少なく、少聞の者は甚だ多し。もし持戒持律をもって本願とせば、破戒無戒の人は定んで往生の望を絶たん。しかも持戒の者は少なく、破戒の者は甚だ多し。自余の諸行、これに准じてまさに知るべし。
まさに知るべし。上の諸行等をもって本願とせば、往生を得る者は少なく、往生せざる者は多からん。しかれば則ち、弥陀如来、法蔵比丘の昔、平等の慈悲に催されて、普く一切を摂せんがために、造像起塔等の諸行をもって、往生の本願としたまわず。ただ称名念仏の一行をもって、その本願としたまえるなり。(27)

富を持っているか否か、智慧や知識があるか否か、戒律を守れるか否かといった尺度によって人々に優劣をつける社会構造から脱却し、優位にある者だけが救われるという差別の入り込む余地をなくし、完全なる「平等の慈悲」につらぬかれた地平を約束すること。ただ「称名念仏の一行」のみを根拠としてその地平の到来を加速させること。そのような純粋で高度に倫理的な宣言がここにはある。それはしかし、それだけで大いなる闘争の宣言でもあった。法然の生きた時代——それは平安貴族とその末裔たちが、また鎌倉武家政権下ではとりわけ豪族たちが、富の力によって、南都六宗や天台宗・真言宗に寄進し、「造像起塔」を競い合った時代であり、他方、知的・身体的エリートたちが苦行や「持戒」を競い合った時代だった。そこにあったのは歴然たる階級社会であり、そこでは仏教の名のもとに巨大な「文化資本」（ピエール・ブルデュー）の蓄積が続けられていたのである。そのような社会環境にあって、救済を無条件化し「平等の慈悲」を貫徹させることで「凡夫」往生を宣言することは、既存の「文化資本」を無価値化するに等しい。その意味において、法然の実践は「凡夫」、すなわち人民による階級闘争そのものであったのだ。

しかし、平等を言うなら、法然が実行した平等のための闘いのうちで忘れてはならないのは、セクシュアリティの平等である。すなわち「女人《にょにん》往生」。この問いとそれへの法然の応答は『無量寿経釈』に読まれる。『無量寿経』の中には、その第三十五願としてつぎの文言がある——

たとい我れ仏を得たらんに、十方の無量不可思議の諸仏世界に、それ女人ありて、我が名字を聞きて歓喜《かんぎ》信楽《しんぎょう》し、菩提心を発《おこ》して、女身を厭悪《えんお》せん。寿《いのち》終りてのち、また女像《にょぞう》とならば、正覚を取らじ。[28]

古代インドにおいて女性の地位は低く、その運命は「五障三従」だと言われた。女性は「障《さわ》り」が多く、そのため「梵天王」「帝釈天」「魔王」「転輪聖王」「仏」の五つには成れないとするのが「五障説」であり、他方、女性は幼いときには「親」に、嫁いでは「夫」に、年老いてからは「子」に「従う」べきだとするのが「三従」の考えかたである。大乗仏典にもこの因習的差別思想が反映され、『無量寿経』ですらもそのイデオロギーを免れていない。その結果、浄土に女性はいないと語られ、女性が往生するとしても、そのときには男性に姿を変えていなければならないと考えられた。これが右の第三十五願に読まれるいわゆる「変成男子《へんじょうなんし》説」である。

だが、法然は「これについて疑いあり」ときっぱり言う――「上の念仏往生の願は男女を嫌わず、来迎引接《らいごういんじょう》も男女に亘る、繋念定生《けねんじょうしょう》の願またしかなり」〔「念仏往生を説いた第十八願は男女を区別せず、臨終時の阿弥陀仏による来迎引接を説いた第十九願も男女をともに対象としており、往生を欲する衆生の至心廻向は必ず果たし遂げられることを説いた第二十願もまた同様である」[29]、と。そして、それなのに『無量寿経』は――すなわち法蔵菩薩は――なぜこの第三十五願を別に立てたのか、と法然は問いかけ、みずから答えている。それは、女性は「障り」が重いので、女性に明確に往生を約束しておかなければただちに疑いの心が起きてしまうからなのだ、と。そのうえで、さらに法然は、同時代の宗教界における女性差別を列挙して批判する。たとえば、比叡山・延暦寺は伝教大師たる最澄が建立した桓武天皇の祈願する寺だが、そこは大師みずからが「結界」して「女人の形を入れ」ず、女性は薬師如来の「霊像」も拝むことはできない。高野山は真言宗が最も栄えている地だが、弘法大師がやはり「結界」したため、その教えの遍き光も女性だけは照らすことがない。それだけでなく、女性は聖武天皇による東大寺の大仏殿に入ることはできず、天智天皇による崇福寺もその弥勒菩薩の壇上に立つことは許されず、吉野の金峰山に登ることも醍醐の三宝院に入ることもできないではないか。そして法然は結論する。こうした実情があるからこそ、第三十五願は「女人の苦を抜いて、女人の楽を与える慈悲の御意[30]」と読むべきなのである、と。

ここには「変成男子説」が限界だった浄土仏典に批判的に介入し、社会の現実を見据えつつ、そのあり得べき展開を指し示そうとする法然の姿がある。法然の平等思想が当時の社会常識を覆すほどにまで徹底していたことの証左がここにもある。

ところで、称名念仏の論理が前近代の神話的言説のうちに還元されず、その効果が私たちの生きる現代にも及ぶものだと言い得る第二のポイントは、どこにあるか。それは、「名」を「称えろ」というその行の、ぎりぎりまで切りつめられた強度のうちにある。法然が、善導の注釈を援用しながら、仏の国に生まれたいと「念」ずることから仏の「名」を「称する」ことへと『無量寿経』第十八願を読み替えたことはすでに見たとおりだが、この転換においていったいなにが起きているか。そこでの賭札はいったいなにか。

二重のものであるその賭札の一方は、称名の意味作用、そのパフォーマティヴな働きに関わっている。念仏において発せられるのは、どのような語句か。誰もが知っているように、それは「南無阿弥陀仏」の六文字である。この六文字が二つに分節されることも、周知のとおりだ。「南無」とは、サンスクリット語の《namas〔ナマス〕→(連声《れんじょう》により)namo〔ナモ〕》の音を漢字に転写したものであり、「帰依」を意味する名詞である。他方「阿弥陀(仏)」とは、同じくサンスクリット語の《Amitayus〔アミターユス〕》、そして/あるいは《Amitabha〔アミターバ〕》の転写であり、その意味するところは前者が「無限の寿命を持つもの=無量寿」、後者が「無限の光を持つもの=無量光」である。したがって「南無阿弥陀仏」とは、一般的な現代日本語に訳せば「私は無限の命に帰依します」そして／あるいは「私は無限の光に帰依します」という一文となる。実際には「無量寿」と「無量光」の重なり合いが「阿弥陀（仏）」であるわけだから、その圧縮の効果によって、この一文はいっそう端的には「私は無限者に帰依します」を意味することになる。

　だが、さらに逐字的に見れば、この漢語の連なりをひと息に発するとき、主語を欠いて成立する日本語の特性のために（かつ本来のサンスクリット語の構成・その品詞の区別にも忠実になれば）、「帰依‐無限者に」という言葉を私たちは口にしているわけである。そしてその際重要なのは、この「帰依‐無限者に」という一句が、「私は無限者に帰依しています」というすでに存在する事実の確認ではなく、「帰依‐無限者に」という一句によって「帰依」というその行為そのものを遂行する発話であるという点だ。つまり、この発話は「帰依‐無限者に」という状況ないし場面を、そのつど新たに作り出す行為なのである。

　しかもその際、この主語を欠いた発話が繰り返されることによって、その主体たる「私」は、その日常的な具体性を消去される。この発話の反復において、日常の「私」はその人称性を剝奪され、非人称的存在と化す。いわば日常的惰性態のうちにあった「私」が括弧に入れられ、誰でもない、しかし「無限者に‐帰依（する）」新たな〈この私〉が遂行的《パフォーマティヴ》に生み出されるのである。称名念仏が与えるのは、したがって「帰依‐無限者に」という発話において反復される新たな〈この私〉の誕生、そのつど新たな〈この私〉の生まれであり、終わりのない再‐生の場面にほかならない。

　しかし、重要なのはそれだけではない。もう一方の賭札は、阿弥陀仏の属する時間構造に関わっている。『無量寿経』における法蔵菩薩の四十八の誓願がすべて、「たとえ私が仏になることができたとしても、……ならば、私は正しい悟りを得た仏にはなるまい〔「設我得仏……不取正覚」〕という構造をしていることについては、すでに注意を喚起しておいた。そして、法蔵菩薩が長い修行の末に仏となり「今現に世にましまして」いること、すなわちその誓願が実現されており、そこにこそ念仏者の往生が「決定《けつじょう》」している根拠を善導＝法然が見て取ったことをも、私たちは確認しておいた。だが、ここで今一度、この誓願を言語行為として見直してみよう。「たとえ私が仏になることができたとしても、……ならば、私は正しい悟りを得た仏にはなるまい」という一方の発話と、もう一方の、ところで「かの仏、今現に世にましまして仏に成りたまえり」という発話とを接合するとき、この法蔵菩薩の一連の誓願がすべて「私は―仏になった―ということになるだろう」という未来完了の時間構造を形成していることに私たちは気づく。

私たちが「帰依」を遂行する「無限者」たる阿弥陀仏の「正覚」自体がそのような構造をしているのだとすれば、その「名」を称えるとき私たちもまた、ある根源的な時間の変容を引き受けることになる。阿弥陀仏という「無限者」を「無限」たらしめている「正覚」が、実のところ、一連の未来完了、それも誓願が立てられた時点ではいまだ閉じざる未来完了の構造をしているのであってみれば、私たちがその「名」を呼ぶとき、私たち自身もまた、けっして閉じることのない未来完了の時を生きることになる。それこそが、「南無阿弥陀仏」という一句が開く「無限」なのだ。そのような「無限」を生きるとき、有限者たる私たちは……。

いや、私たちは事をいささか急ぎすぎている。ここではこの問いをいったん宙に吊ったままにしておこう。この問いに私たちは――第Ⅳ部で時間論の再検討とともに――あらためて向き合うつもりだ。ともあれ、法然による称名念仏の教えがすぐれて現代的な諸問題に応え得るものであることは疑う余地がない。

(二) 弾圧に抗する「専修念仏」

「凡夫」たることの自覚、そこから発する救済の目的としての人民の定位、救済の無条件化とそれを通した完全なる平等の実行、それゆえに生ずる既存の社会体制との不可避的な闘い……。ここまでの検討ですでに、私たちは法然の革命性をある程度明確化できただろうか。だが、その思考と実践が同時代の社会制度やイデオロギーとのいっそう深い摩擦を引き起こし、熾烈とも言える闘争へと法然を駆り立てるのは、さらに別の局面においてである。

善導の一文との出会いによって起きた「廻心」ののちの法然の活躍は、めざましいものだった。法然は、黒谷の別所を離れ、東山・吉水に居を移してそこを拠点として専修念仏をみずから実践すると同時に、訪ねて来る者があればその求めに応じて浄土の法門を説き、称名念仏を勧める布教を続けた。その姿勢は控えめですらあったにもかかわらず、法然のやはり天才的と言うほかない知性、そして高い人徳が京都のあらゆる社会階層の人々に伝わり、称名念仏のラディカルな教えが広まるのに多くの時間はかからなかった。

そのインパクトがいかに強かったかを物語る最初の大きなエピソードが、いわゆる「大原談義」だ。その教えが仏教界の注目するところとなり、一一八六〔文治二〕年の秋、のちに天台座主となる顕真の招きにより、法然は大原の勝林院で、法相宗の貞慶、三論宗の明遍、天台宗の証真および湛学、東大寺大勧進の重源らを相手に三百人を超えたと言われる多数の僧侶たちの見守る中で問答を行なった。碩学たちを相手に法然は、先行宗派の教義と修行の諸相を分析・整理してみせたうえで、念仏の意義と阿弥陀仏の本願がなにであるかを明らかに説き示した。その要は、称名念仏という易行こそが「末法」の世――釈尊滅後はるかに時がへだたり、その教えの及ぶことが困難になった時代――にあって、煩悩に満ちた人間が「出離」して救われる唯一の道だという点にあった。すなわち、「聖道門はふかしといへども、時すぎぬればいまの機にかなはず、浄土門はあさきに似たれども、当根にかなひやすし」(31)と自身が述べているように、念仏だけが「時」〔＝時代状況〕と「機」〔＝衆生が教えを聞いて修行し得る能力〕にかなっており、浄土の法門だけが「時機相応」であるという法然の主張が大きな説得力を持ったのである。事実、このとき討論相手の学僧たちも満座の聴衆たちもことごとく法然の教えに信服し、一説によれば、談義の直後から三昼夜にわたって不断念仏の行が修されたほどであったと言われるし、顕真や湛学はそれぞれ勝林院と来迎院において同じく不断念仏を実践するにいたった。これを契機として、専修念仏が一気に隆盛となり、結果としてこの「大原談義」は浄土宗の一種の開宗宣言となったのである。法然五十四歳のときであった。

これ以後、法然の名声と影響力は圧倒的なものとなる。主な伝記的事実だけを列挙してみれば、まず「東大寺講説」がある。これは、一一九〇〔文治六〕年、東大寺復興――それは平重衡により一一八〇〔治承四〕年に焼き討ちにあったゆえだ――の責任者であった大勧進・重源が後白河院の命を受けて法然に『浄土三部経』の講説を請うたことによる。これは、法然・浄土宗の力が天皇家にも及んだ事例の一つとして記憶される（そののちも後白河院は深くその教えに帰し、法然から受戒、また後白河院没後の一一九二〔建久三〕年には法然による追善法要と「六時礼讃」が執り行なわれている）。その一方で、多くの公卿や武士が法然の信奉者となった。一一八九〔文治五〕年には関白・九条兼実との親交がはじまり、法然に帰依した兼実の懇請によってやがて『選択本願念仏集』（一一九八〔建久九〕年）が書かれることになる。源頼朝の臣下であった熊谷次郎直実もまた、一一九三〔建久四〕年に法然の門をたたき出家する。その他、多くの公家・公卿が法然に帰依し出家した。藤原経宗、藤原兼雅、藤原隆信、藤原範光といった名が伝記には読まれる。

こうして広く大衆のみならず社会の最上層階級にまでその影響力が及ぶことにより、その名はすでに不動のものとなったが、そのことで法然はいくども厳しい試練にさらされることになる。

簡潔に史実だけをたどっておけば、まず「元久の法難」がある。一二〇四〔元久元〕年、比叡山の僧徒たちが天台座主・真性に「専修念仏」の停止を求める訴えを起こした。これに対して法然は念仏者の逸脱・堕落を戒める『七箇条制誡《しちかじょうせいかい》』を草し、門弟一九〇名の署名を添えて延暦寺に送り、ひと度は事態を収拾させることができた。しかし、翌一二〇五〔元久二〕年、今度は南都の興福寺が「専修念仏」には九つの重大な咎〔「失」〕があるとする『興福寺奏状』により、法然および門弟たちの処罰を後鳥羽院に訴え出た。この訴えは、法然の理解者であった後鳥羽院が寛容な措置を取ったため、批判者たちの期待どおりの結果には至らなかったが、逆にその不満をいっそう募らせることにもなった。そしてついに「建永の法難」が起きる。一二〇六〔建永元〕年、後鳥羽院の二人の女官が、法然の弟子・住蓮と安楽房遵西が主催する「六時礼讃」に感銘してそのまま出家してしまう。これに激怒した後鳥羽院は、翌一二〇七〔建永二〕年、住蓮と遵西を処刑、責任者である法然を土佐への流刑に処した（法然がとどまったのは実際には隠岐だった。また、このとき親鸞など計七名の弟子も各地に追放された）。その後の法然の赦免と帰京、没後の「名誉回復」についてはここでは触れない。

こうした栄誉と失墜の振幅の大きさは、いったいなにを物語っているのか。これらの「法難」は、なるほど比叡山＝天台宗や興福寺＝法相宗などの既成教団が「専修念仏」の拡大を恐れ、自分たちの教義とそれを根拠とする諸制度への負の影響を抑えるために、さらには自分たちの宗派の勢力の縮小を防ぐために起こした反対運動であるように見える。とりわけ「自力」＝「苦行」を旨とする天台・法相の両宗にとって、「専修念仏」という「他力」＝「易行」の教えは大衆へのその浸透力において看過できないものであっただろう。それはたしかなことだ。しかし、はたしてそれだけか。法然の浄土宗がこれほどの反発を引き起こし、弾圧の対象となった理由は、はたしてそれだけなのだろうか。

この点を考える際に、『興福寺奏状』は法然への批判が実際に言語化された文書として検討する価値がある。この文書が挙げている「専修念仏」の「九箇条の失」とは、いったいなにか。

「第一に新宗を立つる失」[32]――わが国にはすでに「八宗」があり、それぞれの起源は「異域の神人」が入ってきて「伝受」したか「本朝の高僧」が大陸へ渡って教えを「請ふ」たかにある。「新宗」を興す者など「中古より以降《このかた》」絶えて聞いたことがない。もし「古《いにしへ》」から伝統を継承するのでなければ、たとえ法然にどんなに「功あり徳ありと雖《いえど》も、すべからく公家に奏して以て勅許を待つべし（＝朝廷に申し上げて天皇の許可を得なければならない）」。個人で勝手に一つの宗の名を語ることは「甚だ以て不当」である。

「第二に新像を図する失[33]」——浄土宗は「摂取不捨の曼陀羅」なるものを世間に流布させているが、「その光の照すところ」は「ただ専修念仏の一類」だけであり、これでは他の善行を修す者は「摂取の光」から漏れてしまうではないか。

「第三に釈尊を軽んずる失[34]」——専修念仏者は阿弥陀仏以外の仏を礼せず、それ以外の名を称しないが、それ以外とはまさしく釈迦などの諸仏である。「本師の名を忘れたること」は憐れむべきであり、許しがたい。

「第四に万善を妨ぐる失[35]」——浄土宗では阿弥陀という「一仏の名号を執」すのみで、他の「出離の要路」を塞いでしまう。たとえば『法華経』を読むこと、「花厳・般若」に帰依することや「真言・止観」という救いの手段を用いること、さらには「堂塔の建立、尊像の造図」などをも軽んじる。これは最も大きな罪だ。

「第五に霊神を背く失[36]」——専修念仏者は神々を頼りにしない。しかし歴代の高僧たち、たとえば最澄や円珍や行教、そして弘法大師もそれぞれ神社に参じた。「神明もし拝するに足らざれば、如何ぞ聖体を法門の上に安ぜんや。末世の沙門、なほ君臣を敬す、況んや霊神においてをや。此のごときの麁言《そごん》、尤も停廃せらるべし〔＝もし神々を拝さないとしたら、どうして天皇の身を法門のうえに安らかに置くことができようか。末法の世の僧でさえ君主を敬する、ましてや霊験あらたかな神を敬さないことはあり得ない。このような無礼な物言いは、真っ先にやめさせるべきだ〕」。

「第六に浄土に暗き失[37]」——法然は「往生浄土」のために「行者の自力」でなく「ただ弥陀の願

力」を頼りにすると言う。しかし、『観無量寿経』は往生の種類にも「上品上生《じょうぼんじょうしょう》」から「下品下《げぼんげ》生《しょう》」まで「九品生《くぼんしょう》」の区別があると説いている。諸行を否定して「専念なき故に往生せず」などと言ったら、たとえば智覚禅師のような毎日「一百箇の行を兼修」した人が「上品上生」しないことになってしまう。法然は劣悪な行を頼りとして勝れた行を軽視しているだけではないか。

「第七に念仏を誤る失」[38]——法然の説く念仏はもっぱら「口称念仏」だが、本来、念仏には心に仏を念ずる「心念」があり、仏の姿を観想する「観念」があり、「観念」の中にも心が散り乱れたものと心が静かに定まったものがある。「しからば、口に名号を唱ふるは、観にあらず、定にあらず、是れ念仏の中の麁なり浅なり」。

「第八に釈衆を損ずる失」[39]——浄土宗は、賭博も女犯も肉食も往生の妨げとはならないと言っており、そのような妄言が流布しているが、それは人々の関心を集めようとして、かえって仏法の障害となっている。

「第九に国土を乱る失」[40]——仏法と天皇の法は心と体のようなものであり、たがいにその安否を気遣い、ぜひともその盛衰を知らねばならない。「願ふところは、ただ諸宗と念仏と、あたかも乳水のごとく、仏法と王道と、永く乾坤に均しからんことなり〔＝われわれが願っているのは、ただ諸宗と念仏とがあたかも乳と水のようであり、仏法と天皇の定める政治の道とが永遠に天と地に等しくあれということだ〕」。ところが、諸宗はみな念仏を信じてたがいに異心がないのに、専修念仏の浄土宗は諸宗を深く嫌って、ともにあろうとせず、水と火のように共存できず、どうすることもできない。「もし専修の志のごとくは、天下海内の仏事法事、早く停止せらるべきか」。

すでに明らかだろう。法然・浄土宗に九つの「失」があるとしてさまざまな非難を浴びせてはいるが、『興福寺奏状』は結局、二つのことしか言っていない。

第一は、法然が称名念仏の一行だけを「正行」とし、法相宗を含む六宗および天台宗・真言宗がその教義に定めた諸行を「雑行」として斥けたことへの非難だ。「第二」から「第八」までの「失」はすべてその具体例である。阿弥陀曼陀羅が浄土宗徒以外の者を排除しているかに見えること、釈迦牟尼仏を筆頭とする諸仏を礼さないこと、浄土三部経以外の経典を読誦することや「造像起塔」を軽んずること、「神明」を拝さないこと、「往生浄土」の位と種別をなくしたこと、念仏の種別をもなくし「口称念仏」に一元化したこと、戒律を守ることを往生の条件からはずしたこと——これらは皆、先行諸宗派が重視し、みずから実践すると同時に社会で布教する際にも勧めてきた理念や行を、法然が全否定したことへの憤りの表明である。先に使った経済学的‐社会学的概念で言えば、先行諸宗派が蓄積に努めてきた「文化資本」を無価値化されたこと、そしてそのことによって諸宗派がいわばそのアイデンティティそのものを失う脅威に晒されたこと。これがここでの一方の焦点であり、したがって——これもすでに言ったように——ここで問題になっているのは、支配階級の教えと人民の教えとのあいだの階級闘争にほかならない。

だが、第二の焦点は、この文書がはじめて明確化した事柄、すなわち法然自身はこれまで明示的には一度も口にせず、この非難者の側からの言葉を通してはじめて可視的になった問題系である。それこそは、天皇制の問いにほかならない。

劈頭の「第一」の「失」そして結びの「第九」の「失」が、それぞれ仏教と天皇制とのあるべき

（と非難者が考えている）関係を語っているという構成上からも、この問いが『興福寺奏状』における最重要の問いであることが見て取れる。日本において仏教宗派がそれとして認められ、公的な地位を得るためには、その主導者がどれほど傑出した「功」と「徳」をそなえていようと無駄である。「新宗を立」てるためには「すべからく公家に奏して勅許を待」たねばならないからだ。そして、天皇の許可がおりたのち、仏教宗派はどうなるか。

「仏法」と「天皇の法（王法）」は「たがいにその安否を気遣」う「心と体」のような不離の関係を結び、仏教者は「仏法と王道と、永く乾坤に均しからんこと」を「願」わなければならない。しかも、仏法と天皇の法は、たがいに不離の関係であり天と地の関係に等しいと見なされるものの、実のところ両者のあいだには歴然たるヒエラルヒーがある。「第五」の「失」に「神明もし拝するに足らざれば、如何ぞ聖体を法門の上に安ぜんや」と書かれているように、「法門」＝仏教の教えは「聖体」＝天皇の身体を「上」に戴くべきものなのである。これがこの時代の常識だったのだ。

だが、法然は違った。法然は、こうした構造の全体を解体すべきものとして捉え直す。みずからの「凡夫」たることの深い自覚から発して人間存在すべてを「凡夫」と位置づけたうえで、ただ称名念仏だけを条件なき条件として「一切衆生」が完全に平等に救われる道を確立した法然にとって、同時代の社会のヒエラルヒー、すなわち、天皇を頂点として形成された階層秩序は、まったく容認しがたいものだった。とりわけ貴族階級と寺社による大規模な土地の私有形態であった荘園制は、人民を支配し収奪する装置にほかならず、それを庇護する天皇は、まさしく阿弥陀仏の名において根本的に批判されるべき対象だったはずだ。にもかかわらず、天台宗、真言宗、そして南都六宗はどれも鎮護国家の役割を進んで担うばかりであり、天皇制を積極的に支持し、かつそれに守られつつ存続していた。

だから、法然とその浄土宗が『興福寺奏状』に象徴される権力の弾圧にあったのは、いわば論理的必然であった。ただ称名念仏によってのみ、つまり、ただ「無限なるもの」への、それも、いささかも超越的ではなくその名を呼ぶ者に内在する「無限なるもの」への「帰依」によってのみたがいに結び合った専修念仏者たちは、必然的に反「勅許」の集団であり、反天皇制集団である。法然とは、日本宗教史上はじめて出現した仏教的共和主義者なのである。すなわち、共和主義革命としての浄土宗……[41]。

こうして私たちは、法然の思考と実践がいかなる意味で「革命的」であったのかを読み解いてきた。むろん、これはまだ議論の前提であり、入口にすぎない。「凡夫」、「一切衆生」の絶対的「平等」、「往生」、そして「他力」——これらのそれ自体革命的な諸概念は、これからどのように発展し、生成していくのか。そのことを語るために私たちは、もう一人の革命家・親鸞を経由しなければならない。

註

（1）『法然上人絵伝（上）』大橋俊雄校注、岩波文庫、二〇〇六年、五一頁。また、大橋俊雄『法然全集』第二巻、春秋社、一九八九年、一七四頁をも参照。

(2)『法然上人絵伝（上）』前掲書、一六頁。現代語訳は引用者による。以下同様。
(3)同書、二五頁。
(4)同右。
(5)同書、二六頁。
(6)同書、二五－二六頁。
(7)同書、二七頁。
(8)同書、二八頁。
(9)同書、四四頁。
(10)同書、五〇頁。
(11)同書、五三頁。
(12)同書、五〇頁。
(13)同書、五六頁。
(14)同書、五三－五六頁。
(15)大橋俊雄『法然全集』第三巻、春秋社、一九八九年、一四二－一四三頁。
(16)同書、五七頁。
(17)『法然全集』第二巻、前掲書、一九八頁。
(18)同書、一八八頁。
(19)同右。
(20)同書、一八八－一八九頁。
(21)『法然全集』第三巻、前掲書、二一八頁。
(22)同書、二一九頁。
(23)同右。

(24) 同右。
(25) 同書、九八頁。
(26) 同書、九八－九九頁。
(27)『法然全集』第二巻、前掲書、一九八－一九九頁。強調引用者。
(28)『浄土三部経（上）無量寿経』中村元・早島鏡正・紀野一義訳註、岩波文庫、一九九〇年、一六一頁。訳文軽度に変更。
(29) 大橋俊雄『法然全集』第一巻、春秋社、一九八九年、九一－九二頁。
(30) 同書、九五－九七頁。
(31)『法然上人絵伝（上）』前掲書、六〇頁。
(32)『鎌倉旧仏教』鎌田茂雄・田中久夫校注、「日本思想大系15」岩波書店、一九七一年、三二一－三三三頁。
(33) 同書、三三三－三四頁。
(34) 同書、三四頁。
(35) 同書、三四－三五頁。
(36) 同書、三五－三六頁。
(37) 同書、三六－三八頁。
(38) 同書、三八－四〇頁。
(39) 同書、四〇－四一頁。
(40) 同書、四一－四二頁。
(41) この点からするとき、一六九七〔元禄一〇〕年（法然没後四八五年）に東山天皇が法然に「円光大師」の名を「加諡」したことは、天皇家が浄土宗をその権力の内部にあらためて回収し、馴致しようとした政治的身ぶりであることは明らかである。法然没後五〇〇回忌（一七一一〔宝永八〕年）に中御門天皇が新たな大師号を贈ったのを契機として、これ以後、法然には五〇年ごとに大師号が天皇より与えられることとなり、その慣例は二〇一一年の八〇〇回忌まで続いてきた。しかし、この慣例ほど法然の理念と実践に反するものはない。現天皇からの「諡号」をなんの議論もなしに受け容れた現在の包括法人・浄土宗は、この問題に関するかぎり、法然の教えを明白に裏切っていると言わざるを得ない。

第二章　親鸞の闘い――マイノリティへの生成変化

(一)「他力」と「横超」

法然から親鸞へ――この二人を結ぶのはなにか。そこで手渡され継承されたものがいったいなにであり、いったいなにが展開を見、あるいは別の次元へと跳躍したのか。

法然と親鸞の関係についてはこれまで実に多くの書物が書かれ、実に多くのページが費やされてきた。法然から親鸞への展開を思考の深化ないし徹底化と見るか、あるいは親鸞が語ったことのすべてはすでに法然のうちにあり、前者はいわば後者が胚種として持っていたものを開花させただけだと見るか。分析・評価の仕方はさまざまである。けれども、私たちは法然から親鸞への教えの継承の中に、いずれにせよその種の目的論的な発展を見る立場からは距離を取ろうと思う。そして、鈴木大拙がかの『日本的霊性』(一九四四年)の中で言った「実は法然と親鸞とを一人格と見るのが正当であろう(1)」という言葉に倣って、両者の関係を同じ一つの原理の生成において、あるいは同一なるものの反復における強度の差異において読み解くことを試みよう。だが、その場合、同一なるものとはなんであるか。

この問題を考えるために、親鸞の主著『教行信証』(『顕浄土真実教行証文類』、一二二四〔元仁元〕

年）の末尾、「化身土巻」のいわゆる「後序」を確認しておくことから始めよう。ここには、先の「法難」において親鸞が法然とともに流罪に処せられたことの不当性を激しく糾弾する言葉が、これ以上ないほど鮮明に書かれている――

ひそかにおもんみれば、聖道の諸教は行証久しく廃《すた》れ、浄土の真宗は証道いま盛んなり。しかるに諸寺の釈門、教に昏《くら》くして真仮《しんけ》の門戸を知らず、洛都の儒林、行に迷ひて邪正《じゃしょう》の道路を弁《わきま》ふることなし。ここをもつて、興福寺の学徒、太上天皇　後鳥羽院と号す、諱尊成《いみなたかひろ》　今上土《つち》御門院《みかどのいん》と号す、諱為仁《いみなためひと》　聖暦、承元丁卯《じょうげんひのとのう》の歳、仲春上旬の候に奏達す。主上臣下《しゅじょうしんげ》、法に背き義に違し、忿《いか》りを成し怨みを結ぶ。これによりて、真宗興隆の大祖源空法師ならびに門徒数輩《すはい》、罪科を考へず、猥《みだ》りがはしく死罪に坐《つみ》す。あるいは僧儀を改めて姓名《しょうみょう》を賜うて遠流《おんる》に処す。予はその一つなり。しかれば、すでに僧にあらず俗にあらず。このゆゑに禿《とく》の字をもつて姓とす。(2)

「ひそかに思いをめぐらしてみると、（法相宗・三論宗・天台宗・真言宗などの）聖道門の教えは修行も悟りもすでに久しい以前からすたれ、浄土の真実の宗が悟りを得る道として今盛んになっている。ところが諸寺の僧侶たちは教えに暗く、その真・仮の区別を知らず、京の都の学者たちも修行に迷ってしまいその正・邪の道をわきまえることがない。ついに興福寺の学僧たちが太上天皇・後鳥羽院、今上天皇・土御門院のとき、承元元年〔＝建永二年一〇月二五日に改元〕二月上旬に奏上した。天皇とその臣下は、仏法に背き道義に反して、怒りを覚え怨みをいだくにいたった。そのために、真実の宗を興した大祖・源空法師ならびにその門弟数名が、罪の当否を考慮されず、道理にかなわぬやり方で死罪に処せられ、あるいは僧の身分を剝奪され姓名を与えられて遠国に流罪となった。私もその一人である。こうなったからには、私はすでに僧侶でもなく俗人でもない。それゆえに私は禿の字を用いて姓としているのだ」――読まれるように、親鸞は『興福寺奏状』の問題化した法然・浄土宗の反「勅許」の姿勢が、すなわち、天皇制とそれを支持しかつそれに庇護される既成教団が形成する社会秩序全体に対して「専修念仏」の教えが突きつけた根源的批判こそが、問題の核心部にあることをここで正確に指摘している。「法に背き義に違し」ているのは天皇とその臣下のほうであり、理は法然の側にあり、死刑や流罪はまったく不当である、と親鸞は主張する。その糾弾の声は激烈であり、このうえなく厳しい。この厳しい声はそれだけで、親鸞が法然による共和主義革命としての「専修念仏」の思想をはっきりと分け持っていることを証している。

そしてこの点がきわめて重要だが、天皇によって流罪に処せられたこと、その権力によって追放されたがゆえに、親鸞はそれ以後みずからを「非僧非俗」と規定するにいたった。一般的論理からすれば「非僧」は「俗」である。事実、法然は「藤井元彦」という俗名を与えられて土佐に流されるが、赦免後、京都・大谷へ帰ってからは対外的にも自覚のうえでも僧に戻り、その遺訓である『一枚起請文』の末尾には「源空」としるされている。ところが、親鸞は「僧」でも「俗」でもないという二重の否定性をみずからの存在様態とした。このポジション、このアイデンティティなきアイデンティティこそが、のちの親鸞の独自の思考と実践を可能にすることになる。

ついで親鸞はなにを語っているか。法然の赦免とその直後の入滅の日付の記述のあと、この「後序」にしるされているのは、親鸞がいかに深く法然に帰依してきたか、その教えがいかに得がたく尊いものであったかということだ。みずからが「雑行」を捨てて阿弥陀仏の「本願に帰」したこと、法然の許しをもらって『選択本願念仏集』を書写したこと、その写本に法然が題字と「南無阿弥陀仏　往生之業　念仏為本〔＝往生のための行ないは、念仏をもって根本とする〕」という言葉、そして親鸞の当時の名である「釈綽空《しゃくしゃくくう》」を「真筆」で書き添えてくれたこと、また法然がその「真影」、すなわち肖像画をも親鸞に筆写させ、同じく「若我得仏〔…〕衆生称念必得往生」の「真文」を書き入れてくれたこと――これらを想起したうえで親鸞は、自身が書写する機会に与った『選択本願念仏集』が「念仏の奥義」を収めた本であり、だからこそ今、自分は師の教えの「恩厚を仰」ぎつつ、真の教えの眼目を抜き出して註釈し、浄土宗の要理を集めたのである（「これによりて、真宗の詮を鈔し、浄土の要を摭ふ[3]」）と言う。

したがって、その意識において親鸞が深く自覚的に法然の弟子であり、その思考の軌跡が、けじめから終わりまで師たる法然の教えの真実を証すことにあったのは疑いを容れない。『教行信証』とは、タイトルが示すとおりその最も忠実な実践であり、最大の理論的展開の書にほかならない。

同一なるものの反復と言った。その第一、最も本質的にして不変の理念は称名念仏こそが「正業」であり、万人に開かれた救いの道だという理念である――

しかれば、名を称するに、よく衆生の一切の無明《むみょう》を破し、よく衆生の一切の志願を満《み》てたまふ。称名はすなはちこれ最勝真妙の正業なり。正業はすなはちこれ念仏なり。念仏はすなはちこれ南無阿弥陀仏なり。南無阿弥陀仏はすなはちこれ正念なりと、知るべしと。[4]

しかれば、真実の行信を獲《う》れば、心に歓喜《かんぎ》多きがゆゑに、これを歓喜地と名づく。これを初果に喩ふることは、初果の聖者、なほ睡眠《すいめん》し懶堕《らんだ》なれども二十九有に至らず。いかにいはんや十方群生海《ぐんじょうかい》、この行信に帰命すれば摂取して捨てたまはず。ゆゑに阿弥陀仏と名づけたてまつると。これを他力といふ。[5]

おほよそ往相廻向の行信について、行にすなはち一念あり、また信に一念あり。行の一念といふは、いはく、称名の遍数《へんじゅ》について選択易行の至極を顕開す。[6]

「名」を「称する」ことが「衆生」の「一切の無明（＝世界の真実に明らかでない状態）」を打ち破り、浄土に生まれたいというその「志願」をかなえる最もすぐれた行ないであり、しかもそれは「一念」で充分な「易行の至極」であるということ、十方の数限りない衆生（「群生海」）もこの行と信に帰依すれば、仏は救い取って捨てることはなく、それゆえにこの仏を阿弥陀仏と名づけるのであり、これを他力と言うのだ――ここにしるされているのが、親鸞が法然から継承した称名念仏の簡潔にして要を得た定義であることは見やすい。

だが『教行信証』は、ただたんに師の教えを祖述するだけではない。いくつもの角度から親鸞は法然の思考の襞に分け入り、小さな隠れた核を探りあて、あるときはそれをさらに微分的に切開し、あるときはそこから別の力線を導き出す。親鸞はつねに、法然の思考をその可能性の中心において読もうとするのだ。

第一の中心は、「他力」概念に関わる。「称名念仏」が救済を無条件化する教えであることはすでに見たとおりだ。しかし『選択本願念仏集』の法然は、実のところ、いまだ全面的な無条件性の立場を取っていたわけではなかった。念仏者のあるべき心の構えを法然は説いている。それが「三《さん》心《じん》」である――

> 念仏行者は必ず三心を具足すべきの文
>
> 観無量寿経に云く、
>
> もし衆生あって、かの国に生ぜんと願う者は、三種の心を発して、即便《すなわ》ち往生しなん。何等をか三とす。一は至誠心、二は深心、三は廻向発願心なり。三心を具すれば、必ずかの国に生ず、と。(7)

「至誠心」とは「身口意」の「三業」(阿弥陀仏を「身」体によって「礼拝」し、「口」で「讃嘆称揚」し、「意」志によって「専念観察」すること)のすべてにおいて「誠」＝真実であることを、「深心」とは「一念も疑心」なく深く信ずることを、そして「廻向発願心」とはみずからのなしてきた「一切の善根」をふり向けて往生を願うことを意味する。(8) この「三心」は「行者の至要」であり、これを「具すれば、必ず生ずる」が、逆に一つでも欠ければ往生は「不可」能である、と法然は書く。(9)

称名念仏という易行にも、この最低限の前提が必要だというのが、この時点での法然の立場であった。

ところが、みずから付したこの前提条件を、法然はやがて曖昧にしてしまう。信者からの問いに答えて、法然はあるところでは「三心という名を知らなくても、自然にそれを具《そな》えて往生した人もいれば、詳しく学んだにもかかわらず、かえって具えていない人もいる」のだから各自で「心のおよぶ程(10)」に具えればよいと言い、また別のところでは「すでに往生したような心地で絶えず努力すれば、自然に三心は具わってくる(11)」と言ったあげく、つぎのように述べる――

念仏ヲダニモ申セバ、三心ハ具足スルナリ(12)。

ここでは条件と結果が入れ替わっている。前提条件であったはずの「三心」も念仏を称えることで得られるようになると言うことで、法然はみずから付した「三心」からその条件性を消去してしまう。法然にとって称名念仏による救いは、やはり無条件であるべきものなのだ。

この「三心」からの条件性の消去を別の仕方ではっきりと定式化したのが、親鸞である。親鸞は『観無量寿経』に説かれた「至誠心」「深心」「廻向発願心」に細かな解釈を加えて再定義し、「三心すでに具すれば、行として成ぜざるなし」と述べ、さらにこの「三心」が『無量寿経』第十八願(「たとい我れ仏を得たらんに、十方の衆生、至心に信楽して、我が国に生ぜんと欲して、ないし十念せんに、もし生ぜずといわば正覚を取らじ」)における「至心」「信楽《しんぎょう》」「欲生(我国)」と同一であると解釈する。そのうえで親鸞は「愚悪の衆生のために阿弥陀如来すでに三心の願を発したまへり」と言い、「いかんが思念せんや[13]」と問いかける。親鸞がみずから出したのは「三心」は――すでに右の一文に読まれるように――阿弥陀仏の「願」に由来するものであり、かつ阿弥陀仏から衆生に「廻施」されるものだという答えである。

まず「至心」については、つぎのように書かれている――

如来、清浄の真心をもつて、円融無礙《えんにゆうむげ》不可思議不可称不可説の至徳を成就したまへり。如来の至心をもつて、諸有の一切煩悩悪業邪智の群生海に廻施したまへり。すなはちこれ利他の真心を彰す[14]。

ついで「信楽」についてはこうある――

次に信楽といふは、すなはちこれ如来の満足大悲円融無礙の信心海なり。〔…〕如来、苦悩の群生海を悲憐して、無礙広大の浄信をもつて諸有海に廻施したまへり。これを利他真実の信心と名づく[15]。

そして「欲生」についても――

このゆゑに如来、〔…〕利他真実の欲生心をもつて諸有海に廻施したまへり。欲生すなはちこれ廻向心なり。[16]

読まれるように、「三心」はいずれも「如来」が衆生に「廻施したま」うもの、すなわち、如来からの贈与であり、衆生はそれを受動的に収めることができるだけなのである。ここには、衆生たるみずからの煩悩の深さと度し難い「凡夫」性の自覚、そしてそれゆえの如来の「利他真実」なる心への痛切なまでの希求がある。

「他力」概念が全般化されるのは、まさにこの地点からだ。念仏の条件であった「三心」さえも、行者みずからがそなえるのではなく阿弥陀仏から与えられるものだとする親鸞にとって、「往生」とはいかなる「自力」によっても、すなわち、みずからの自覚的・自発的で能動的ないかなる行為によっても得られることのない、ただ「如来の本願力[17]」のみが可能とする出来事である。「他力」のみを頼むべきだという点については、すでに法然が「たゞひとすぢにわが身の善悪をかえり見ず、決定往生せんとおもひて申すを、他力の念仏といふ[18]」と言い、「自力」については「身をつゝしみてよからんとするは、自力をはげむ也といふ事は、ものもおぼへぬ、あさましきひが事也[19]」と、これをきっぱりと斥けていた。親鸞は「自力」、すなわち、わが「はからひ」によって「往生」しようとする態度をさらに厳しく戒めている――

それ浄土真宗のこころは、往生の根機に他力あり、自力あり。このことすでに天竺の論家、浄土の祖師の仰せられたることなり。

まづ自力と申すことは、行者のおのおのの縁にしたがひて、余の仏号を称念し、余の善根を修行して、わが身をたのみ、わがはからひのこころをもつて身口意のみだれごころをつくろひ、めでたうしなして浄土へ往生せんとおもふを自力と申すなり。また他力と申すことは、弥陀如来の御ちかひのなかに、選択摂取したまへる第十八の念仏往生の本願を信楽するを他力と申すなり。如来の御ちかひなれば、「他力には義なきを義とす」と、聖人の仰せごとにてありき。義といふことは、はからふことばなり。行者のはからひは自力なれば、義といふなり。他力は、本願を信楽して往生必定なるゆゑに、さらに義なしとなり。[20]

自分自身を頼りにして、「はからひ」の心で「身口意」の乱れを取り繕って、立派に振る舞って往生しようとする「自力」は、しょせん相対的な「義」＝道理にすぎず、それは「弥陀の本願力」たる「義なきを義とす」る「他力」の無限の包摂力を信じない愚かなことだ。だから――と親鸞は続ける――、わが身が悪いから阿弥陀仏は迎えてくれないのではないかと思うことも、自分の心が善いから往生できるだろうと思うことも、すべきではない。「自力の御はからひ」によっては「真実の報土」へ生まれることはもとよりできないのであり、阿弥陀仏は「よきあしき人をきらはず、煩悩のこころをえらばず、へだてずして、往生はかならずするなりとしる」[21]べきなのである。「自力」による「善業」は親鸞にとって、たんに無価値であっただけではない。それは「虚仮邪偽《こけじゃぎ》」「雑毒雑心《ぞうどくざっしん》」の「屍骸」[22]にすぎない積極的に除去されるべき障害であり、「自性唯心に沈み」（＝みずからの本性と心だけに固執し」「定散の自心」（＝修行による精神統一にせよ日常における修善にせよ自力の心」に「迷《まど》」う「近世の宗師」は、それゆえに「金剛の真信に昏」(23) くなるほかないのである。

ところで、親鸞は「他力」概念をさらに別の角度からも明確化し、精密化している。「横超《おうちょう》他力」がそれだ。「本願を憶念して自力の心《しん》を離る(24)」ことと定義されるこの「横超」をめぐって、つぎのような釈義が読まれる——

しかるに菩提心について二種あり。一つには竪《しゅ》、二つには横《おう》なり。また竪についてまた二種あり。一つには竪超《しゅちょう》、二つには竪出《しゅしゅつ》なり。竪超・竪出は権実《ごんじつ》・顕密・大小の教に明かせり。歴劫迂回《りゃくこううえ》の菩提心、自力の金剛心、菩薩の大心なり。また横についてまた二種あり。一つには横超、二つには横出なり。横出とは、正雑《しょうぞう》・定散《じょうさん》、他力のなかの自力の菩提心なり。横超とは、これすなはち願力廻向の信楽、これを願作仏心《がんさぶっしん》といふ。願作仏心すなはちこれ横の大菩提心なり。これを横超の金剛心と名づくるなり。(25)

ここで親鸞は「菩提心」、すなわち悟りを得ようとする心を、まず「竪／横」の二種に分け、それぞれに「超／出」があるとしている。親鸞によれば「竪超・竪出」とは、権教・実教、顕教・密教、大乗・小乗の区別はあれ、いずれも「遥か長い年月をかけて遠回りして悟りにいたる」心であり、「自力の金剛心」、すなわち、自覚的に修行する菩薩の起こすすぐれた心のはたらきを指す。それに対して「横出」は正行・雑行、定善・散善を含む「他力のなかの自力の菩提心」を言い、残る最後の「横超」こそが、如来がその誓いの力によって衆生に「廻向」し与えてくれる「信楽」であり、仏になろうと願う心、すなわち横に超えていくすぐれた「菩提心」のあり方である。

親鸞は「菩提心」の方向性として「竪」と「横」を、その効果において「超」と「出」を区別しているわけだが、ここで留意されるべきなのはとりわけ後者の二つの項の意味するところである。別の場所での定義を参照すれば、「横」はよこさまといふ、よこさまといふは如来の願力を信ずるゆゑに行者のはからひにあらず、五悪趣を自然にたちすて四生をはなるるを横といふ、他力と申すなり。これを横超といふなり。横は竪に対することばなり。超は迂に対することばなり。竪はたたさま、迂はめぐるとなり。竪と迂とは自力聖道のこころなり、横超はすなはち他力真宗の本意なり」(26)――この文言から理解されるように、「超」は「横」と組み合わさったとき――垂直の方向性ではなく――「歴劫迂回」の「迂」の反対概念、すなわち、〈ただちに〉〈容易に〉を意味するのである（そして「出」は、その逆の〈徐々に〉〈漸進的に〉を意味する）。

これを要するに、親鸞は、「菩提心」のあり方に「竪」＝超越的なものと「横」＝内在的なものがあることを認識し、前者を「聖道門＝自力」の菩提心、後者を「浄土門＝他力」の菩提心としたうえで、「横超他力」、すなわち、内在的でただちに効果を現す他力こそが最もすぐれた救済の力である、と言っているのだ。

ここから私たちは、称名念仏に関する最も広く流布している誤解を一掃することができるだろう。それは、法然が阿弥陀一仏を選び取ったことをもって浄土宗の教えを「一神教」と等しいとする解釈、そして阿弥陀仏の、したがって称名念仏の救済力を「超越的」なものと見なす解釈である(27)。ただ一つの仏の名を称えることが救われる道であるという教えは、それを外形的・表面的に見れば、なるほどキリスト教における救済《きゅうさい》を連想させるかもしれない。旧約の預言にしたがって生まれた神の子を自認しつつ、全人類の罪を負って磔刑の十字架で贖いの死を遂げたのち、復活しかつ最終的に昇天したイエスという人格が体現する神人を信仰の対象とし、信仰者はみずからの霊魂が同様に神の国において永遠に祝福されることを願うキリスト教において、救い主イエス・キリストは明確に超越者であり、その救済力たる「愛＝いつくしみ＝アガペー」は、一義的には天国から地上へとむけられる垂直性を本質とする（隣人愛は、地上におけるその分有である）。すなわち、超越的一者による天からの地上の包摂。

　ところが、法然・親鸞の説く「救済《くさい》」の構造は、これとは全面的に異なる。第一に、阿弥陀仏はイエス・キリストがそうであるような意味での人格神ではない。その夥しい歴史的造形化・図像化の影響から人間的形象のもとにイメージされがちであるが、先に確認したように、それは本来的には「無量寿」「無量光」を意味する「法身《ほっしん》」、すなわち、物質性を一切持たない「法《ダルマ》」＝真理の「身」体である。阿弥陀仏は「法身」のみならず「三身の功徳を具足す」とも言われるが、それは衆生の救済のためにそれぞれの場面に「応」じて現れる仮の身体＝「応身《おうじん》」と、法蔵菩薩が限りない修行の結果「報」われて得ることができた身体＝「報身《ほうじん》」をそなえているという意味であり、それらはいずれにせよ単一の人格や人称性に還元されるものではない。第二に、阿弥陀仏の「名」を「称える」ことは、天上にいる超越者への祈りや訴えではまったくない。これも、その「行」としての意味を分析した際に確認したように、「称名念仏」とは「帰依－無限者に」という行為遂行的《パフォーマティヴ》な発話であり、その救済の効果とは、念仏者がみずからのうちに無限への開かれを作り出しながら、阿弥陀仏の「正覚」の構造である閉じざる未来完了の時間へとみずからを投げ入れること、そしてこの発話を反復することにより、ただその発話の主体としてのみある〈この私〉を生み出し、そのつど新たな〈この私〉を誕生させ、再‐生させることにこそある。したがって称名念仏は、いかなる超越的存在をも前提とせず必要としない、徹底的に内在的な経験の領野に属していると言える。言い換えるなら、衆生によってその「名」が呼ばれる内在性の平面にその「大慈悲」が普遍的に貫徹しているありさまそのものが、「阿弥陀仏」なのである。

(二)「還相廻向」——「一人」から「われら」へ

ところで、親鸞が法然のうちに見出した可能性の中心の第二——それは「廻向」の二つの区別、すなわち「往相廻向」と「還相廻向」であり、「他力」概念と結ばれたときの後者の意義の前景化である。『教行信証』の中で親鸞はまず、曇鸞の『往生論註』を引きながらつぎのように定義している——

> 廻向に二種の相あり。一つには往相、二つには還相なり。往相とは、おのれが功徳をもつて一切衆生に廻施《えせ》したまひて、作願《さがん》してともにかの阿弥陀如来の安楽浄土に往生せしめたまふなり。還相とは、かの土《ど》に生じをはりて、奢摩他《しやまた》・毘婆舎那《びばしやな》・方便力《ほうべんりき》成就することを得て、生死の稠林に廻入《えにゆう》して、一切衆生を教化して、ともに仏道に向《かえ》らしめたまふなり。もしは往、もし

は還、みな衆生を抜いて生死海を渡《ど》せんがためにしたまへり。[28]

本来、曇鸞の原文に即せば、「往相」とは仏教者が「おのれが功徳をもつて一切衆生に廻施して、ともにかの阿弥陀如来の安楽浄土に往生せんことを作願」することを意味し、他方、「還相」もまた仏教者が「かの〔浄〕土に生まれ終わって、奢摩他・毘婆舎那・方便力を成就することを得て、生死の稠林に廻入して、一切衆生を教化して、ともに仏道に向かう」ことを意味する。つまり、いずれもその主体は仏教者である。しかし、先に「三心」についてそれを如来が衆生に与えてくれるものと定義しなおしたのと同様に、親鸞はここでも読み替えを行ない、「往相」も「還相」も、阿弥陀仏の意志のはたらきによるものだと解釈する。「廻施したまひて」、「往生せしめたまふ」、「仏道に向らしめたまふ」という敬語による片仮名の訓読指示＝訓み下しが、そのことをはっきりと示している。「他力」概念を鮮明化する親鸞の姿勢がここでも貫徹されているわけだ。実際、親鸞は、浄土の「真宗」の教えと行と信と悟り（＝「教行信証」）を考えてみれば、それらはすべて「如来の大悲廻向の利益」であり、それゆえ救いの原因も結果も「一事として阿弥陀如来の清浄願心の廻向成就したまへるところにあらざることあることなし」[29]と言い切っている。そして、とりわけ「還相廻向」について、それが「利他教化地の益」[30]、すなわち、他の衆生を教え導いて恵みを与える行為であることを親鸞は強調する。

この点については、すでに法然も『選択本願念仏集』の中でつぎのように述べていた――「また廻向と言うは、かの国に生じ已《おわ》って、還って大悲を起して、生死に廻入して、衆生を教化するをまた廻向と名づくるなり」。「還相廻向」を、概念としては両者は完全に共有している。だが、そこにかけられた負荷、その強度が、親鸞における「還相廻向」に別種の射程を与えているように思われる。事実、『教行信証』をつらぬいているのは「廻向」から「自利」＝自己救済への志向を消し去り、それを「利他」＝他者救済の原理にしようとする徹底した意志である。とりわけ「信巻」におけ る天親・曇鸞解釈にその意志は先鋭化して現れている。たとえば、『浄土論』に説かれた「巧方《ぎょうほう》便《べん》廻向」への注視がある。〈菩薩が巧みな方法によって衆生を救済すること〉を意味するこの術語の定義を引いて、親鸞はつぎのように言う――礼拝などの五種の修行（「五念門」）を通して菩薩によって集められたすべての「功徳善根」は、自分自身の支えとなる「楽」を求めるものではない。そうではなくそれは「一切衆生の苦を抜かんと欲《おぼ》す」ものであるがゆえに、願いを起こして『一切衆生を摂取して、ともに同じくかの安楽仏国に生ぜしむ[32]」るものなのである、と。あるいは、同じく『浄土論』に読まれる菩薩にとっての障害、すなわち「障菩提門」の三つの種類を引く親鸞がいる。第一に「自楽を求めず、わが心自身に貪着《とんじゃく》する」ことを遠ざける「智慧門」、第二に「一切衆生の苦を抜いて、無安衆生心〔衆生を安らかにしない心〕」を遠ざける「慈悲門」、第三に「自身を供養し恭敬する心」を遠ざけるがゆえに「一切衆生を憐愍したまふ心」たり得る「方便門」。そしてこの「方便」を釈して親鸞は言う――「方」とは「正直」、すなわち偏りなく平等なることであり、「便」とは「おのれを外《ほか》にする[33]」ことである、と。ここに焦点化された他者救済としての「還相廻向」が親鸞にとって排他的に重要な概念であったことは、「証巻」がつぎのような言葉で締めくくられていることからも明らかだ――

> しかれば、大聖の真言、まことに知んぬ、大涅槃を証することは願力の廻向によりてなり。還相の利益《りやく》は利他の正意《しょうい》を顕すなり。ここをもつて論主〔天親〕は広大無礙の一心を宣布して、あまねく雑染堪忍《ぞうぜんかんにん》の群萌《ぐんもう》を開化す。宗師〔曇鸞〕は大悲往還の廻向を顕示して、ねんごろに他利利他の深義《じんぎ》を弘宣《ぐせん》したまへり。仰いで奉持すべし、ことに頂戴すべしと。[34]

だが、それにしても、この焦点化、「還相廻向」へのこの強度をはらんだ解釈の投入は、いったいなにゆえか。この過剰なまでの傾斜はいったいどこに由来するものなのか。

私たちはここで、親鸞がたどった伝記上の足跡を参照すべく促される。「建永の法難」（一二〇七〔建永二〕年）により、法然と同時に流罪に処せられた親鸞は、まず北陸・越後国へむかう。京の都から遥かに遠ざかった文字どおりの辺境の地である。この土地に暮らして五年目の一二一一〔建暦元〕年、親鸞は赦免されるが、ただちに京都へ戻ることはせず、さらに二年間越後での生活を続ける。そしてそののち今度は東国・常陸国へ移住、はじめ下妻の小島に、ついで笠間の稲田に庵を結び、この地で布教活動をすることになる。長い遠流の生活を終えてようやく京都へ戻るのは、一二三四〔文暦元〕年のことである。都を離れて二十七年、親鸞はすでに六十二歳になっていた。

そもそも親鸞は、法然と同様に知力に秀でた稀なエリートだった。生まれからして――位はさほど高くないとはいえ――遠く藤原家の血を引く貴族であり、九歳の春に出家して比叡山・延暦寺に登るが、そのとき戒を授けたのはのちに天台座主となる高僧・慈円である。以後、二十九歳までの二十年間、親鸞は天台宗の僧として修行に打ち込むことになる。その選ばれた才能が、「建仁《けんにん》辛《かのと》酉《のとり》の暦、雑行を棄てて本願に帰す(35)」と『教行信証』の「後序」で回想しているように、一二〇一〔建仁元〕年、天台僧としての身分を捨て比叡山を降りて法然の弟子となる。厳密には、比叡山を離れてから法然の教えに帰すまでのあいだに、親鸞にとって重大な契機があった。それが、よく知られた「六角堂」での「百日参籠」であり、そこでの「夢告」である。のちに親鸞の妻となる恵信尼が残した手紙によれば(36)、天台宗の修行によっては往生が叶わないのではないかという強い不安から「山を出《い》で」た親鸞は、「六角堂に百日籠」りみずからの「後世《ごせ》〔＝死後の安楽〕をいのらせたま」った。その九十五日目に「聖徳太子の文を結」んだ観音菩薩の「示現」があり、「女犯《にょぼん》」を許す偈文を親鸞は授かった。親鸞の妻帯という破戒を正当化しその「非僧」化を肯定した点で、この「夢告」の意味は大きい。そしてその直後から親鸞は、法然のもとへさらに「百か日」、雨が降ろうが日が照りつけようがいかなる大風に遭おうが通い続け、「後世のこと」、すなわち「生死出づべき道」は「よき人にもあしき人にも」同じように「ただ一すぢ」だと説くのを聞いて、心が定まり、たとえ周囲の人間が法然の言うことを信じたりしたら「悪道」に墜ちると言っても、自分は法然に従うと親鸞は言った――恵信尼は、そう証言している。

　ここから法然への親鸞の帰依が始まり、浄土宗の教義の伝承と展開が始まるわけだが、その未来には、ともに流罪に処せられた親鸞の現実体験が強く反映されることになる。遠い越後の地、そして常陸国で親鸞はいったいなにを経験したか。それは衆生のリアリティとの直面、そしてそれによる浄土宗の教えとみずからのアイデンティティの仮借なき問い直しだ。この問題に最初の、そして決定的な包括的考察を加えたのが吉本隆明である。『最後の親鸞』の中で「越後配流の体験は親鸞にある感性的な転回を強いた」こと、親鸞が「この地で、草深い田夫、漁夫たちに接しているあいだに、法然のもとに日参していた頃のじぶんの姿を客観的にながめる眼を獲得した」ことを指摘したうえで、吉本はつぎのように書いている——

しかし法然のもとで、自力の計《はから》いからもっとも遠い存在だとおもっていた〈衆生〉は、越後国府在で接触した衆生にくらべたら、まだ空想の〈衆生〉にすぎないことを知った。〈衆生〉とは、たんに〈僧〉たるものが〈知〉の放棄によって近づくていの生やさしい存在ではなかった。また〈僧〉たるものが、安直に専修念仏をすすめれば帰依させうる存在でもなかった。〔…〕かれ自身が〈衆生〉そのものになりきれないことは自明だったが、また〈衆生〉は、専修念仏によって釣り上げるべき与しやすい存在でもなかった。親鸞にできたのは、ただ還相に下降する眼をもって〈衆生〉のあいだに入りこんでゆくことであった。(37)

ここで吉本が「還相に下降する眼」で「〈衆生〉のあいだに入りこんでゆく」と表現している行為は、知者である僧がその知の高みから知的底辺にいる民衆のもとへ降りていくなどといった啓蒙的な振る舞いのことではまったくない。そうではなく、ここで吉本が語っているのは、「衆生」を前にした一切の知的身ぶりの無効性であり、その意味のみにおける「還相廻向」の唯一性である。「法然や親鸞の尊重したいわゆる「愚者」」が「もともと「御計《おんはからひ》」をもたぬがゆえに、即自的な

〈絶対他力〉の実践者であるよりほかない存在[38]」であり、そのような「〈他者〉の根源にかかわる」ためには、したがって「〈僧〉として〈俗〉を易行道によって救い上げ」ようとする「思い上り」から離れて、「〈教化〉、〈救済〉、〈同化〉のような概念を放棄」することが不可欠であること、そして、「〈非僧〉がそのまま〈俗〉ではなく〈非俗〉そのものである[39]」という困難だが不可避の場所にみずからを位置づけることが必要であるということ——吉本が強調するのは、この点である。

透徹した分析だ。事実、親鸞は吉本が概念化した「即自的な〈絶対他力〉の実践者」たる衆生の実例として「屠沽《とこ》の下類《げるい》」「れふし・あき人」の名を挙げ、かつ、「具縛の凡夫」であるみずからと彼らとが「無礙光仏の不可思議の本願、広大智慧の名号を信楽すれば、煩悩を具足しながら無上大涅槃にいたるなり」と述べたあと、つぎのように続けている——

具縛はよろづの煩悩にしばられたるわれらなり。煩は身をわづらはす、悩はこころをなやますといふ。屠はよろづのいきたるものをころし、ほふるものなり、これはれふしといふものなり。沽はよろづのものをうりかふものなり、これはあき人なり。これらを下類といふなり。「能令瓦礫 変成金《のうりようがりやくへんじようこん》」といふは、「能」はよくといふ。「令」はせしむといふ。「瓦」はかはらといふ。「礫」はつぶてといふ。「変成金」は、「変成」はかへなすといふ。「金」はこがねといふ。かはら・つぶてをこがねにかへなさしめんがごとしとたとへたまへるなり。れふし・あき人、さまざまのものはみな、いし・かはら・つぶてのごとくなるわれらなり。如来の御ちかひをふたごころなく信楽すれば、摂取のひかりのなかにをさめとられまゐらせて、かならず大涅槃のさとりをひらかしめたまふは、すなはちれふし・あき人などは、いし・かはら・つぶてなんどをよくこがねとなさしめんがごとしとたとへたまへるなり。(40)

ここにはたしかに、当時の社会の階層秩序において最底辺にあった存在、すなわち、猟師・漁師、商人などの「下類」と見なされた人々の中へ「還相に下降する眼」で「入りこんでゆく」親鸞の姿があり、かつ、この「下類」と見なされていた人々こそが「如来の御ちかひ」を信ずることによって「摂取のひかり」の中に「をさめとられ」「こがね」と化すのだという専修念仏の救済力が、はっきりと言語化されている。親鸞がどのような「衆生」を目の前にしていたか、そしてそこでこそ阿弥陀仏の「摂取」する力がはたらくことを親鸞が確信していたかを、鮮明に物語るくだりである。

しかしそれでは、この「下類」と見なされていた人々は、吉本の言うように「知」が決して及ぶことのない「即自的」な「無智」の存在と呼ばれるだけでよいのか。吉本は「〈無智〉を荷っている人々は、それ自体の存在」であり、「じぶんではどんな〈はからい〉ももた」ず「浄土に近づくために、絶対の他力を媒介として信ずるよりほかどんな手段ももっていない」がゆえに「本願他力の思想にとって、究極の境涯(41)」である、と言う。けれども、ここには知識人・吉本隆明がみずからの姿を親鸞に重ね合わせていることによって生じた死角ないし盲点がある、と私たちには思われる。「頂きを極め、そのまま寂かに〈非知〉に向って着地すること」を「〈知識〉にとって最後の課題(42)」と考える『最後の親鸞』の吉本は、越後・常陸の両国において親鸞が直面した問題を僧たる親鸞の知の解体の経験としてのみ分析している。「下類」と見なされた人々を「即自的な〈絶対他力〉の実践者」ないし「それ自体の存在」と呼んでいる点に、そのことは明確に現れている。だが、はたしてそうか。親鸞が直面した問題、ここで親鸞が言語化した場面に賭けられているのは、知の〈自己〉解体だけなのか。

マイノリティ（へ）の生成変化――吉本の鋭利な分析が、そのヘーゲル的概念装置への準拠ゆえに見えなくさせてしまったのは、この出来事にほかならない。越後・常陸の両国における親鸞と衆生との出会いは、それを親鸞の側からのみ見た場合、たしかにそれは、衆生のリアルな実在を前にして僧たる親鸞の「〈教化〉、〈救済〉、〈同化〉」といったいずれにせよ慈善的・啓蒙的な身ぶりの一切が無力化を宣告される経験であったと言えるかもしれない。だがしかし、先に引いたくだりで親鸞はなんと書いていたか。「れふし・あき人、さまざまのものはみな、いし・かはら・つぶてのごとくなるわれらなり」――ここには、猟師・商人、そして親鸞その人をも含む「さまざまのもの」が「みな」、「われら」であることが告げられており、かつ、その「いし・かはら・つぶて」のような「われら」が阿弥陀仏の「摂取のひかり」のはたらきによって「こがね」と化すことが告げられている。すなわち、親鸞を含む多数多様体の称名念仏による「黄金」への生成変化。そして、同じ場面を衆生の側から見るとき、事はどのように定式化されるか。「れふし・あき人」に代表される衆生は、たしかに「無智」なる存在であるかもしれない。しかし彼らは、即自態としての「無智」（といったものが仮にあるとして）につねにとどまっているわけではない。彼らは、なるほど「自力」でみずからを救うことはできないかもしれぬ。しかし、親鸞からの促しによって称名念仏の教えに接するとき、すなわち、それが誰であるかあるいはなにであるかは理解できず、その由来すらも分からぬままに、しかし阿弥陀仏という他者がそこにおり、その他者が「わが名を呼べ」とはたらきかけ触発していることを知り、そのはたらきかけ＝触発の力に応答するとき、衆生は、その即自態から念仏者という存在へと離脱する。否、念仏する者、不断に名を称える者というプロセスへと衆生もまた生成変化するのだ。つまりは、親鸞そして衆生のそれぞれにおける称名念仏のプロセスへの参入による脱領土化が起きるということだ。このような生成変化と脱領土化について、ジル・ドゥルーズ＆フェリックス・ガタリはつぎのように書く――

しかしながら生成変化あるいはプロセスとしての「マイナー性」と集合あるいは状態としての「マイノリティ」とを混同してはならない。ユダヤ人やジプシーなどは、これこれの条件のもとでマイノリティを形成しうるが、それはまだ、そこから生成変化を産み出すには十分でない。状態としてのマイノリティのうえでは、人はみずからを再領土化し、あるいは再領土化されるにまかせることになる。しかし、生成変化のなかでは、人はみずからを脱領土化する。ブラックパンサーの活動家は、黒人ですら、黒人に‐なる必要があると言ったものだ。女性ですら、女性に‐なる必要がある。ユダヤ人ですら、ユダヤ人に‐なる必要があるのだ。〔…〕したがってユダヤ人への生成変化や女性への生成変化は、ある二重の運動が同時に起ることを意味する。一方は一つの項（主体）がマジョリティから離脱する運動であり、もう一方は一つの項（媒体ないし動因）がマイノリティから抜け出す運動だ。ここには分離不可能で非対称的な生成変化のブロックが、つまりは同盟のブロックがある。(43)

親鸞の実践は、それゆえ必然的にすぐれて政治的な効果を持つ。二種の「廻向」のうち「還相廻向」の意義を前景化させ、その「利他」＝他者救済のはたらきを鮮明にしつつ、みずからそのはたらきの主体《サブジェクト》ならぬ動因《エージェント》＝行為体と化して、衆生の中に入り込み「弥陀の本願力」を「廻施」せしめ続けること。みずからと衆生をともに称名念仏というプロセスの中に投げ込むことで、たがいがたがいに「知」と「非-知」の中間地帯へと脱領土化する流れを作り出すこと——それは、そのまま一つの新しい階級を創出することに等しい。「僧」でなく「俗」でもないその階級の名こそは、人民にほかならない。すでに私たちは、法然の確立した専修念仏の教えが、先行仏教諸宗派が排除し覆い隠してきた衆生＝人民を、それとして可視化し、救いの目的とするものであることを見た。それは同時に、救済の無条件化を通して実行される既存の宗教的文化資本の無価値化であり、したがって念仏者による階級闘争でもあった。親鸞もまた法然と同じ方向性において、しかし別種の強度において、この人民による階級闘争を可能にし、かつ実行したと言える。法然においてはいまだその輪郭が縁どられ、はじめて名づけられるにとどまっていた衆生＝人民が、越後国・常陸国を遍歴し現実の「れふし・あき人」という「下類」に出会い、彼らによって触発されかつ彼らを触発した親鸞によって、その概念の内実をあらためて充塡され、多数多様性からなる一つの運動体へと組織される可能性と潜勢力を帯びるにいたったのである（そのような運動体の最大の実例がのちの「一向一揆」であることは言うまでもないが、ここはその史実を分析する場ではない）。

そして留意されるべきなのは、この多数多様体が、たんなる非歴史的な一般性——たとえば人民一般といった——を構成することのない、そのつど時代の刻印を打たれた単独者たちの群れであるという点である。称名念仏という行為が、そのつどパフォーマティヴにその発話の主体たる〈この私〉を生み出すものであることは繰り返し強調してきたとおりだが、親鸞は別の角度からも、念仏の教えとの関係におけるみずからが、単独者であることを明言している。『歎異抄』にしるされた弟子・唯円のつぎの証言は、この方向性において読まれるべきものである——

聖人のつねの仰せには、「弥陀の五劫思惟の願をよくよく案ずれば、ひとへに親鸞一人《いちにん》がためなりけり。さればそれほどの業をもちける身にてありけるを、たすけんとおぼしめしたちける本願のかたじけなさよ[44]」。

阿弥陀仏の「本願」は、一切衆生を包摂する。しかしそれは、万人を共約するような一般性としてではない。そうではなく、「五劫」というはるか長き時間にわたる「思惟」の結実たるその「願」は、これほど多くの罪業を持つ身である存在者の一人ひとりを、その単独性において「たすけん」とするのだ。「ひとへに親鸞一人がためなり」とは、エゴイズムの表現ではむろんない。そうではなくそれは、衆生をその単独性において認知しつつ、その単独性＝特異性をそれとして救う「本願」の普遍的包摂力を表す言葉なのである。多数多様なる「業」をそなえた単独者たちがそのまま「摂取」される普遍性の地平……。

だから、親鸞を祖とするのちの浄土真宗が、社会の最下層にいると見なされた人々、とりわけ被差別部落民によって受け容れられたのは、ゆえのないことではない。人民を多数多様性の群れとして形成し、群れの一人ひとりをその単独性＝特異性において尊重し、救い取る浄土の教えは、絶対的平等の教えである。その普遍性は、天皇を頂点として構築される社会の階層秩序の閉域を打ち破り、そこから排除された人々をあまねく包摂し、つねに外へとその救済力を押し広げてゆく。事実、この国における浄土真宗の反天皇主義的平等思想の系譜は、中世社会の「屠沽の下類」と連帯する親鸞から、明治時代のかの「大逆事件」（一九一〇年）における浄土真宗の僧・高木顕明にいたるまで、連綿と続いてきた。時の政権による捏造であるこの事件で幸徳秋水、大石誠之助らとともに首謀者の一人と見なされ、逮捕され、獄中で縊死した顕明の寺・浄泉寺は、紀州・新宮町の被差別部落民を檀家の多数とする寺であった。事件そのものが「大逆」という負の力学を作動させることで近代天皇制を補強しようとする陰謀であったにせよ、このとき明らかになったのは、天皇を〈正〉の頂点とする日本の象徴秩序において、被差別部落民が〈負〉の頂点に排除されたその位置によって象徴秩序を文字どおり下から支えているという構造である。つねに排除されるこの人民へとみずからが生成変化し、かつこの人民に生成変化を促すことで、ともに「こがね＝黄金」と化すことを目指す親鸞――ここには、究極の万人救済の理念と実践がある。

私たちは、法然‐親鸞が切り開いた日本宗教史における革命的地平を見渡してきた。むろん、これはまだきわめて限定的な視野である。だが、ともあれ私たちは、ここから出発してはじめて、他力の教えによる救済の具体的諸相を検討することができるだろう。他力の哲学は、私たちをどのように救ってくれるのか。私たちの生を息苦しいものにしているどのような桎梏から、他力の哲学はどのように私たちを解放してくれるのだろうか。

註

（1）鈴木大拙『日本的霊性』岩波文庫、一九七二年、八九頁。
（2）『浄土真宗聖典――註釈版 第二版――』浄土真宗本願寺派総合研究所編、本願寺出版社、二〇一三年、四七一―四七二頁。強調引用者。
（3）同書、四七三頁。
（4）同書、一四六頁。
（5）同書、一八六―一八七頁。
（6）同書、一八七頁。
（7）大橋俊雄『法然全集』第二巻、春秋社、一九八九年、二二九頁。
（8）同書、二四九―二五〇頁。
（9）同書、二五〇―二五一頁。
（10）大橋俊雄『法然全集』第三巻、春秋社、一九八九年、一三七―一三八頁。
（11）同書、一七八頁。
（12）同右。
（13）『浄土真宗聖典』前掲書、二三一頁。
（14）同書、二三一―二三二頁。強調引用者。
（15）同書、二三四―二三五頁。強調引用者。
（16）同書、二四一頁。強調引用者。

(17) 同書、一九〇頁。
(18)『法然全集』第三巻、前掲書、二一二頁。
(19) 同書、一〇八頁。
(20)『浄土真宗聖典』前掲書、七四六頁。強調引用者。
(21) 同書、七四七頁。
(22) 同書、一九七頁。
(23) 同書、二〇九頁。
(24) 同書、三九五頁。
(25) 同書、二四六頁。強調引用者。
(26) 同書、六四六頁。強調引用者。
(27) たとえば、南直哉『超越と実存――「無常」をめぐる仏教史』新潮社、二〇一八年。「古代から「天台本覚思想」まで綿々と続いてきた「ありのまま」主義的思想傾向は、法然の「一神教」パラダイムの導入で、重大な画期を迎えた」(二〇六頁)――「親鸞のアイディアは、かろうじて「仏教」の範疇に留まっていた法然の浄土教思想を突破し、それが内包する超越的理念(阿弥陀如来と極楽)を、悉く「念仏」という行為に落とし込み、消去してしまったのである」(二一二頁)。
(28)『浄土真宗聖典』前掲書、二四二頁。
(29) 同書、三一二頁。
(30) 同書、三一三頁。
(31)『法然全集』第二巻、前掲書、二四九頁。
(32)『浄土真宗聖典』前掲書、三二七頁。
(33) 同書、三二七－三二八頁。
(34) 同書、三三五頁。
(35) 同書、四七二頁。

(36)「恵信尼消息」同書、八一一頁。
(37) 吉本隆明『最後の親鸞』ちくま学芸文庫、二〇〇二年、一〇一―一〇三頁。強調引用者。
(38) 同書、四一頁。
(39) 同書、一〇四―一〇五頁。
(40)『浄土真宗聖典』前掲書、七〇七―七〇八頁。強調引用者。
(41) 吉本隆明、前掲書、一八頁。
(42) 同書、一五頁。強調原文。
(43) ジル・ドゥルーズ&フェリックス・ガタリ『千のプラトー――資本主義と分裂症(中)』宇野邦一・小沢秋広・田中敏彦・豊崎光一・宮林寛・守中高明訳、河出文庫、二〇一〇年、二七四―二七五頁。訳文軽度に変更。
(44)『浄土真宗聖典』前掲書、八五三頁。

第Ⅱ部　「赦し」とはなにか

第一章　「汝、赦されてあり」――大慈悲の力

（一）「悪」＝「罪」とはなにか――法然－親鸞による「道徳の系譜」

一切衆生を等しく救済すること、それも、存在者たちをあらかじめ仮定された一般性のもとに共約するのではなく、存在者たちの一人ひとりをその単独性＝特異性において肯定しつつ、しかし、阿弥陀仏の名の触発する力によって一切衆生をして人民という集団へと生成変化せしめ、かつ、みずからもその流れへと参入して無限に広がりゆく普遍性の地平を構築すること。法然－親鸞における「専修念仏」の教えとは、なによりもまずそのような集団的運動であり、新たな階級を形成することによる社会変革の運動であった。だがそれでは、この集団的運動における精神のあり方はどのようであったか。この運動は、いったいどのような倫理学によって支えられ、駆動させられていたのか。

「悪」の問い、「罪」の問いこそは、この運動における最大の精神的賭札である。阿弥陀仏の普遍的救済力を表現して、法然が「罪人ナホムマル、イハムヤ善人オヤ[1]」と言い、親鸞がそれを逆転させて「善人なほもつて往生をとぐ。いはんや悪人をや[2]」と言ったことは広く知られている。法然の言葉がいわば常識的な道徳観にそくしたものであるのに対し、親鸞のそれは逆説的表現における

「悪人こそが救われる」という力点の移動によって阿弥陀仏の救済力の強さと普遍性の高さを語ったものである、というのが一般的な理解であり、その解釈はたしかに間違いではない。だがしかし、法然－親鸞における「悪」そして「罪」の概念とそれに対する称名念仏の効果の問いは、見かけほど単純ではない。この問いを、今日私たちが準拠している道徳的枠組みを離れて、それが根ざしている歴史的地層に遡行して検討するとき、私たちは「善／悪」について別の視座を得ることができる。

法然にとって「悪」の問いが最優先で思考されるべき問いであったことは、『選択本願念仏集』が、この問いを劈頭に置いているという事実のうちに端的に見て取れる。法然はこの理論書の記述を、道綽禅師が「往生の業」として「聖道門」＝自力による悟りの道と「浄土門」＝他力による救いの道を区別したうえで後者を選ぶよう説いているくだりを引用しつつ、その理由を確かめることから始めている。

道綽はまず『安楽集』上巻で「一切の衆生は皆仏になり得る本性をそなえている（一切衆生悉有仏性）」にもかかわらず、はるか遠い過去から今に至るまで「生死に輪廻」して「火宅（＝苦しみの世界）」から出ることができない、と言う。道綽によれば「火宅」から逃れるための二種のすぐれた法のうち「聖道門」は、釈尊滅後はるかに時が隔たっており、その教えが奥深く理解に微細を要するがゆえに、現在ではその真理を体得することがむずかしい。事実『大集経月蔵分』には「当今は末法」の時代であり、この「五濁悪世」にあっては「ただ浄土の一門のみ」が入るべき路であると書かれている。それゆえに『無量寿経』はつぎのように言うのだ、と道綽は確認する――

> もし衆生あって、たとい一生悪を造れども、命終の時に臨んで、十念相続して、我が名字を称せんに、もし生ぜずといわば正覚を取らじ、と。[3]

にもかかわらず――と道綽は続ける――、みずからの資質を判断できない衆生は、たとえば「小乗」の教えによる「五戒・十善」を保ち得る者も「甚だ希」であり、「起悪造罪」を問うならその様子は「暴き風駛《し》き雨」に等しい。だからこそ、諸仏の大慈悲心は衆生に「浄土門」に帰依することを勧めたのである。たとえ一生「悪を造」ったとしても「常によく念仏」すれば一切の障《さわ》りが「自然に消除」して必ず往生することができる。それなのに、どうしてこのことを思い量ることなく、すべてを捨て去り往生したいという心が起きないのだろうか……[4]。

道綽を引きながら「浄土門」を定位しようとする法然において、「悪」はここではまだ、衆生が「聖道門」の修行者のように「戒」を守り得ぬことを指している。つまり、「末法」の時代における「五戒・十善」の保持しがたさと、それゆえに衆生が「造」る「悪」の不可避性を、ここで法然は確認しているのである。換言するなら、ここでの法然は、すでに見てきた称名念仏による往生＝救済の無条件性を形式的に確言するに事をとどめているわけだ（ちなみに、右に引用した『無量寿経』を出典とするという誓願文は漢訳原文にはなく、道綽が『無量寿経』第十八願と『観無量寿経』の一部を組み合わせたものだと言われている）。

しかしこれは、浄土宗の理論的集大成を書き起こすにあたっての、いわば構成上の必然であり、法然が「悪」そして「罪」をたんなる「破戒」とのみ見なしていたことを意味するものではない。みずから「凡夫」たることの深い自覚に立ち、同時代の衆生のリアリティを見とおしていた法然は、この一書において「悪」の諸相をたどり、その具体的現れに向き合っている。

第一に、「生死の罪」を語る法然がいる。ここで言う「生死」とは、この時代に広く受け入れられ支配力を持っていた世界観である「輪廻」、すなわち「六道輪廻」を前提としたそれであり、「地獄・餓鬼・畜生・修羅・人・天」の六つの世界に、衆生がみずから作った「業」にしたがってつぎつぎに生まれ、また死ぬことを意味する。「六道輪廻」はそれ自体が「苦」であり、そこで繰り返される「生死」から離脱することを可能ならしめることこそが、仏教における救いの第一義的目的であったのである――

> 観無量寿経に云く、
> 或いは衆生あって、もろもろの悪業を作り、方等経典〔=大乗経典〕を誹謗せずといえども、かくの如きの愚人、多く衆悪を造って、慚愧あることなし。命終らんと欲する時、善知識のために、大乗の十二部経の首題の名字を讃むるに遇わん。かくの如きの諸経の名を聞くをもっての故に、千劫の極重の悪業を除却す。智者また教えて、掌を合せ手を叉えて南無阿弥陀仏と称せしむ。仏の名を称するが故に、五十億劫の生死の罪を除く。[5]

「もろもろの悪業を作り」「多く衆悪を造」ったにもかかわらず「慚愧」の念をいだくことすらな

い衆生も、命終《みょうじゅう》のときに経典の「名を聞く」だけでその「千劫の極重の悪業」が「除却」され、さらに「仏の名を称す」れば「五十億劫」という永遠に等しい時間にわたる「生死の罪」が「除」かれる――『観無量寿経』を引きつつ法然が告げるのは、称名念仏のこの効果である。法然が生きた時代において、「輪廻」は「宿業」とともに社会の上層階級から下層階級まで広く共有されていた思想であり、人々を支配する観念形態《イデオロギー》、さらには強迫観念《オブセッション》とも言える力を持っていた。「地獄に落ちる」ということが、比喩ではなく、人々の想像界においてリアルな恐怖としてあったのである。

それゆえに「生死」を離れることが誰もがいだく切実な願いであったわけだが、そのためには苦行を重ね、善根功徳を積み、解脱して涅槃に入る以外に道はないとも信じられていた。法然が介入するのは、まずこの観念の強固な回路のうちにである。どんなに「悪業を作」った衆生でも、「南無阿弥陀仏と称」するだけで「生死の罪」を除かれ、救済されるというこの断言――「愚人」たらざるを得ず、したがってみずからの「悪」と「罪」の意識の重圧に押し潰され続けるほかない衆生にとって、それはまさに救いの言葉、究極の易行たる称名念仏による救済の一撃であったはずだ。すなわち、脱イデオロギー効果としての「南無阿弥陀仏」。『観無量寿経』の引用の結びは、つぎの文言である――「善男子、汝仏名を称するが故に、もろもろの罪消滅すれば、我来たって汝を迎う」[6]。

だが、「専修念仏」の教えが打破するのは観念形態だけではなく、救うのは意識のうえでの「悪」人・「罪」人だけではない。法然は、実際に殺人などの重罪を犯した人間を名指したうえで、その往生＝救済もまた「決定《けつじょう》」していることを説いている。『観無量寿経』は、浄土に往生する者とその往生の仕方を九つの段階に分けて論じている。「九品《くぼん》」がそれである。「九品」とは、「上品《じょうぼん》・中《ちゅう》品《ぼん》・下品《げぼん》」の三種類それぞれに「上生《じょうしょう》・中生《ちゅうしょう》・下生《げしょう》」の段階を設けた階層構造のことであり、そのうち「上品」は厳格な教義上の戒を守り経典を理解し修行できる高尚な人間を、「中品」は日常的な「戒」を守り「孝養父母」などの徳目を実行できる「善悪において半ばなる人」（『孝養集』）を指すが、ここで問題となるのは「下品」に分類される人間である。一切の善を修せず、ただ悪をなすだけの存在が「下品」と呼ばれるが、しかし、そのような者もまた救われると法然は言う——

　下品上生は、これ十悪の罪人なり。臨終の一念に罪滅して生ずることを得。

　下品中生は、これ破戒の罪人なり。臨終に仏の依正の功徳を聞いて、罪滅して生ずることを得。

　下品下生は、これ五逆の罪人なり。臨終の十念に、罪滅して生ずることを得。

　この三品は尋常の時、ただ悪業を造って往生を求めずといえども、臨終の時、始めて善知識に遇うて即ち往生を得。[7]

「十悪」とは「身口意」の三つのはたらき（「三業」）のそれぞれに「殺生・偸盗・邪淫」の「身三」、「妄語・綺語〔真実に反するレトリック〕・悪口《あっく》・両舌《りょうぜつ》〔二枚舌・中傷〕」の「口四」、そして「貪欲《とんよく》・

瞋恚《しんい》〔怒り恨むこと〕・邪見」の「意三」を区別して立てた計十の善に反する行ないを言う。他方、「五逆」とは「殺母《せつも》」＝母を殺すこと、「殺父《せつぶ》」＝父を殺すこと、「殺阿羅漢」＝聖者を殺すこと、「出仏身血」＝仏身を傷つけ出血させること、「破和合僧」＝仏教教団を破壊することという、人倫と仏道に逆らう五種の大罪を言い、これを犯した者は「無間地獄」「阿鼻地獄」に落ち、間断なく極限の苦痛を受けるとされた。だが、これらの大罪を現実に犯してしまった人間も「臨終の一念」「臨終の十念」によって、その「罪」が「滅し」て往生できる、というのが法然による称名念仏の教えであり、したがってそこに見られるのは、「悪」＝「罪」を前にした阿弥陀仏の救済力の絶対性の断言にほかならない。阿弥陀仏の大慈悲は、人間の「悪」＝「罪」を計量化しないのだ。事実、右の引用に先んじて法然はつぎのように書いていた――

念仏三昧は重罪なお滅す、いかにいわんや、軽罪をや。余行はしからず。或いは軽を滅して、重を滅せざるあり。或いは一を消して、二を消さざるあり。念仏はしからず、軽重兼ね滅す、一切遍く治す。譬えば阿弥陀薬の、遍く一切の病を治するが如し。故に念仏をもって、王三昧とす。(8)

念仏以外の「余行」ならば、軽い罪は滅するが重い罪は滅しないということもあるだろうが、念仏は軽罪も重罪も「兼ね」てこれを滅する。言い換えれば、罪は罪であるかぎりにおいてどれも等価であるということだ。そしてここには、もう一つ重要なポイントがある。それは「罪」は「病」

であり、「念仏三昧」は「罪」を「病」として「一切遍く治《ち》す」ということである。念仏が「罪」＝「病」を治癒させるというこの身体的メタファーは、『選択本願念仏集』において組織的に用いられている。法然にとって、人間が犯す「罪」は行為の不可逆的な結果、すなわち、いったん起きてしまったら取り返しのつかない出来事ではなく、身体の「病」がそうであるのと同様に、可逆的に回復させ、治癒へと導き、したがって健康のうちに解消し得るものなのである。「往生の教《おしえ》」のうち「念仏三昧」は「総持〔陀羅尼〕の如く、また醍醐〔乳酪を精製した最も美味の妙薬〕の如」きものであり、「もし念仏三昧の醍醐の薬にあらずは、五逆深重の病は甚だ治し難し[9]」と法然は言う。そして、この「罪」の可逆的治癒の可能性を説くその文脈の中に、つぎの決定的なくだりが読まれる——

> 下品下生はこれ五逆重罪の人なり。しかもよく逆罪を除滅すること、余行の堪えざるところなり。ただ念仏の力のみあって、よく重罪を滅するに堪えたり。故に極悪最下の人のために、極善最上の法を説くところなり。[10]

ここには、法然が称名念仏のうちに見た救済力がどのようなものであるかが集約的に表現されている。犯した罪がどれほど重かろうと、したがってその行為の主体がいだく罪責意識がどれほど深かろうと、「念仏の力」は等しくはたらきかけ、その罪を「滅」し、悪という行為の主体をその結果から「治」す。その治癒のはたらきは、「悪」＝「罪」の程度を一般的尺度に照らして相対的に比較考量するのではなく、その一つひとつを、そのつど絶対的に消し去る。それが「極悪最下の人のために、極善最上の法を説く」という言葉の意味するところにほかならない。すなわち、「一切の造罪の凡夫」(11)の一人ひとりを、その罪からあまねく解放するのが「念仏の力」なのだ（そもそも法然が依拠している善導が「九品」の区別について「九品皆凡」、すなわち、九種類に分かれるように見える人間も皆等しく凡夫である、と説いていることに留意しよう）。

ところで、親鸞もまた、この念仏の持つ罪を滅する力、つまり赦しの力に独自の仕方で解釈を加えて、これを前景化させている。『教行信証』において親鸞は、師・法然が強調した「五逆の罪人」の救済を、『無量寿経』と『観無量寿経』を比較対照し重ね合わせて読むことで明確に位置づけ直している。『無量寿経』のかの第十八願には、今日一般に「唯除規定」と呼ばれる結びの文言があるのだが、法然によって省略されたその部分を含む全体をあらためて確認しておけば――

たとい我れ仏を得たらんに、十方の衆生、至心に信楽して、我が国に生ぜんと欲して、ないし十念せんに、もし生ぜずといわば正覚を取らじ。唯、五逆と正法を誹謗する者を除かん。(12)

一切衆生の救済を誓う法蔵菩薩にも、その救いの対象に例外があり、それが「五逆」の罪を犯す者と「正法を誹謗する者」、すなわち、正しい教えたる仏法を誹《そし》る者である。ところが、その一方で『観無量寿経』は、先に見たように「五逆の罪人」である「下品下生」も救われると定め、「正法を誹謗する者」だけを除外している。ここにはいったいどのような意図があるのか。この問いに対して、親鸞は善導の『観経疏 散善義』に準拠して、つぎのように言う——

答へていはく、この義、仰いで抑止門《おくしもん》のなかについて解《げ》す。四十八願のなかのごとき、謗法・五逆を除くことは、しかるにこの二業、その障《さわり》極重なり。衆生もし造れば、ただちに阿鼻《あび》に入りて歴劫周章《りやくこうしゆうしよう》して出づべきに由《よし》なし。ただ如来、それこの二つの過《とが》を造らんを恐れて、方便して止《とど》めて〈往生を得ず〉とのたまへり。またこれ摂せざるにはあらざるなり。また下品下生のなかに五逆を取りて謗法《ほうぼう》を除くとは、それ五逆はすでに作れり、捨てて流転せしむべからず。還りて大悲を発して摂取して往生せしむ。しかるに謗法の罪は、いまだ為らざれば、また止めて〈もし謗法を起さば、すなはち生ずることを得じ〉とのたまふ。これは未造業《みぞうごう》について解するなり。もし造らば、還りて摂して生ずることを得しめん。[13]

『無量寿経』第十八願が「謗法・五逆を除く」としたのは、その障りが極めて重く、衆生がその罪を犯した場合「阿鼻」地獄に落ちて永劫に出られなくなるから、阿弥陀如来はこの「過を造ら」せないようにあらかじめ抑止する意味で「方便」として「往生できない」と言ったのであり、この罪人も摂取しないわけではない。他方、『観無量寿経』に「下品下生」のうち「五逆」は救うが「謗法」は除外するとあるのはなぜかと言えば、「五逆」はすでに衆生が犯してしまった罪であり、これを見捨てて生死の世界に流転させておくことはできないから、振り返って大慈悲を起こし救い取って往生させる。ところが「謗法の罪」はまだ犯されていないので、これを抑止する意味で「もし仏法を誹謗すれば往生できない」と言われているのであり、これは未だ造られざる罪という意味に解すべきものだが、この罪さえもし犯されることがあれば、如来は振り返って救い取って往生できるようにするはずだ——浄土宗の根本経典である『無量寿経』と『観無量寿経』のあいだにある齟齬ないし矛盾を、善導＝親鸞はこのような釈義によって解消する。その解釈を導いているのは、一切衆生を救うという法蔵菩薩＝阿弥陀仏の誓願をいかなる留保もなきものとして受けとめ、その救済力の普遍性をあらためて確言しようとする意志である。このくだりの直後に「謗法・闡提《せんだい》、廻《え》心《しん》すればみな往《ゆ》く(14)」と書かれているように、仏法を誹謗する者も仏になる因を持たない者〔闡提〕すらも、自力の心をひるがえして阿弥陀仏の他力に帰依するならば、皆救われる——阿弥陀仏の本願がそなえている罪を滅するこの力の平等性、この赦す力の絶対性こそが、親鸞の釈義の核心をなしているのだ。

　しかし、法然‐親鸞によってこうして照明をあてられ前景化された称名念仏の「罪滅」の力＝赦しの力も、それを前近代の神話的言説の内部においてだけではなく、私たちの同時代においても有効な力として明確化し、その現実性を理解するためには、ここでもやはり別の補助線が必要かもしれない。この点で、『歎異抄』はきわめて説得的なエピソードを提示している。その第十三章に記された「善悪の宿業」をめぐる親鸞と唯円のよく知られた問答がそれだ。

「宿業」とはなにか。仏教の伝統においてそれは、過去世においてなされた行為＝「業」が現在に及ぼす潜在的な力を指し、現世における善と悪は過去世の行為＝「業」の善悪によって決まると考えられてきた。この章のはじめで「よきこころのおこるも、宿善のもよほすゆゑ」であり「悪事のおもはれせらるるも、悪業のはからふゆゑ」なのであると述べたあとで、唯円は親鸞の言葉を回想して言う――「故聖人の仰せには、「卯毛・羊毛のさきにゐるちりばかりもつくる罪の、宿業にあらずといふことなしとしるべし〔兎の毛・羊の毛の先についている塵ほどの小さな罪でも、宿業でないものはないと知るべきである〕」と候ひき」[15]。そして続けて唯円は、つぎのような師との対話を想起する。

あるとき「唯円房は私の言うことを信ずるか」と親鸞聖人がおっしゃったので、「さようにございます」とお答えしたところ、「それでは私がこれから言うことに背かないか」と重ねておっしゃるので、謹んで承知しましたと申しあげると、「たとえば、人を千人殺してもらいたい。そうすれば往生は定まるだろう」とおっしゃった。「聖人の仰せではございますが、この身の器量では、私には一人でさえ殺せるとは思えません」とお答えしましたところ、聖人は「それでは、どうして親鸞の言うことに背かないと言ったのだ」とおっしゃいました。「これでわかるであろう。なにごとも自分の意のままになるのであれば、往生のために千人殺せ、と言われたら、ただちに殺せるはずだ。しかしながら、おまえには一人でも思いどおりに殺せる業縁〔宿業のはたらき〕がないがゆえに、殺すことができない。自分の心が善いから殺さないのではない。また人を害すまいと思っていても、百人でも千人でも殺してしまうこともあるだろう」。聖人がこうおっしゃったのは、私たちが、自分の心が善ければ往生に適していると思い、悪ければ適してないと思いがちで、阿弥陀仏が本願の不思議な力によって助けてくださるということを知らずにいることを指摘なさるためだったのです……[16]。

ここには、親鸞が見て取る人間存在における善と悪の本質が、そしてそれとの関係における阿弥陀仏の本願の位置づけが明瞭に語られている。「よきこころのおこるも、宿善のもよほすゆゑ」であり「悪事のおもはれせらるるも、悪業のはからふゆゑ」だと言うとき、唯円＝親鸞は、なるほど「宿業」を仏教の伝統にしたがって一種の運命論と見なしているかにも思われる。今生での善き心は過去世での善き行ないの結果であり、悪しき振る舞いは前世での悪行の帰結であって、すべては「業」のはたらきによるのであり、私たちはその因果から逃れられない、云々。しかし、殺人の可能性／不可能性をめぐる親鸞の考察が指し示しているのは、そのような運命論とはまったく異なる場面である。それはひと言でいえば、人間存在の善悪は社会の関係性の中で不可避的に生み出されるのであり、その関係性はその中にいる一人の人間存在にとってつねに必然としてはたらき、各人の主観や意識を無効化する、ということだ。唯円の例にそくして言えば、「往生」という究極の目的があり、そのための条件ないし手段として要請されたとしても、彼が属している社会関係の中でその必然がなければ、主観的にどれほどそれを意図しても、彼には現実に殺人を実行に移すことはできない。「心が善い」から「殺さない」のではないのだ。しかし逆に、彼が属している社会関係がそのさまざまな作用の重なりの中でそれを必然化するとき――たとえば国家が国際紛争を解決する手段として戦争を遂行するとき――、主観的にどれほどそれを否定しても、彼がおびただしい殺人に加担することは起こり得る。「人を害すまい」と思っていても「百人でも千人でも殺してしまう」ことがあるのだ。これはつまり、人間存在の善悪は、みずからの意識や主観的判断がどのようであれ、その「業縁」＝社会関係の網の目に規定されてあるほかないということを意味する。まさに「さるべき業縁のもよほさば、いかなるふるまひもすべし[17]」というのが、人間という社会的存在の拭いがたい本質なのである。

阿弥陀仏の大慈悲の力、その罪を滅する力、赦す力がはたらきかけるのは、そのような人間存在における善悪という道徳性の総体に対してである。法然－親鸞はまず、称名念仏は「五十億劫の生死の罪を除く」と説くことで同時代の衆生を縛っていた支配的観念形態《イデオロギー》とそのオブセッションから人々を解放し、ついで「十悪の罪人」「五逆の罪人」という現実の大罪を犯した者にも「罪滅して」往生できることを約束し、さらに「唯除規定」によって例外化された「正法を誹謗する者」すらも「抑止門」という解釈を加えることでこれを救いの対象とする。「念仏の力」は、まさに罪を「一切遍く治す」のである。だがそれは、「念仏の力」が人間的善を志向するからではまったくない。親鸞が鋭く分析するように、人間存在において現れる善は、悪と同様に、つねに「業縁」によって、すなわちつねに社会的関係性によって規定されて生じる不可避の状態であり、したがってそれは、社会的関係性が変化すれば、あるいは社会的関係性を別の視座から検証したときには、容易に悪へと反転し得る。ある人間がその意識においてみずからを「善」だと信じていたとしても、その「善」が現実的には「悪」でしかないという事態はしばしば起こり得るのである。事実、親鸞はそのような意識ないし主観における「善」人を指して、「後世者ぶり」〔＝いかにも名利を離れてもっぱら来世の往生を願っているかのように振る舞うこと〕と呼び、そのような人は「賢善精進の相を外にしめ」しているだけで、心のうちには「虚仮《こけ》」〔＝うそ・いつわり〕をいだ[18]」いているだろうと批判する。親鸞の眼には、人間の道徳に言う「善」は「悪」に対して優越的な価値を持つものではなく、「業縁」の関数であるかぎりにおいて二つは等価だと映っているのだ。それゆえに、「善」を根拠として「悪」を除き、克服するなどという論理は意味をなさない。そして、そこにこそ「本願」を頼む衆生の必然性があるのだ――

されば善きことも悪しきことも業報にさしまかせて、ひとへに本願をたのみまゐらすればこそ、他力にては候へ。(19)

阿弥陀仏の「本願」は、罪を滅するだけではない。そうではなくそれは、「業報」しだいでどちらにも変質し得る人間の善悪という道徳的価値の二項性そのものを括弧に入れ、その彼方において衆生を摂取し、迎え入れる。「本願」の「他力」を頼むこととは、そのような善悪の彼岸へと導かれたいと切に願う凡夫の受動的な意志にほかならない。

(二) 存在の有責性から赦しへ――ハイデガーに抗する称名念仏

ここまで私たちは、法然‐親鸞における「悪」＝「罪」の問いを称名念仏の教えとの関係において見てきた。『選択本願念仏集』や『教行信証』、そして『歎異抄』の主たる論理をたどるかぎり、そこでの問いの中心はやはり、念仏が「罪」を「滅す」るがゆえに衆生にとっての救済力となるという点にあった。しかし、法然‐親鸞が「悪」を語り「罪」を語るとき、そこには道徳的次元にはとどまらない別種の問いが含まれているように思われる。

たとえば、『歎異抄』第十四章は「他力の信心」の重要性を強く説く章だが、そこで親鸞はなにをどのように語っているか。「一念に八十億劫の重罪を滅すと信ずべしといふこと」と最初にテーゼを掲げたあと、しかし、その念仏が自力の念仏であってはならないと親鸞は戒めてつぎのように言う――念仏を称えるたびにその念仏が罪を滅ぼすと信じようとすることは、すでに自分の力で罪を消して往生しようと励むことである。もしそうだとすれば、一生のあいだに心に思うことはすべて、生死を繰り返す迷いに繋がれていないものはないのだから、命が尽きるまで念仏を怠ることなく続けて往生しなければならないことになる。ところが、業報は限りがないので私たちはどのような不慮の事態に出遭うかもしれず、また病気に悩まされ苦痛に責められて、正しく阿弥陀仏を念じたまま命を終えることができないかもしれない。そのようなときは念仏を称えることもむずかしいのだ。そのあいだの罪はどのようにして滅すればよいのか。罪が消えなければ往生は叶わないのだろうか。いや、そうではない、と親鸞は続ける――

> 摂取不捨の願をたのみたてまつらば、いかなる不思議ありて、罪業ををかし、念仏申さずしてをはるとも、すみやかに往生をとぐべし。(20)

すべてを救いとって捨てないという阿弥陀仏の誓願にこの身をお任せするなら、どのような不慮のことがあって罪を犯し、念仏を称えないで死ぬことがあっても、ただちに往生を遂げることができる――ここには、仏の名を称えるだけという究極の易行、条件なき条件とでも言うべき称名というぎりぎりに切りつめられた行為さえも条件からはずし、ただ「摂取不捨の願」を「たのみたてまつ」るという、いかなる能動的なはたらきかけもない他力のもとへの無言の自己放擲こそが往生を可能にするという論理が、静かに、しかし恐るべき強度で断言されている。ここにあるのはもはや道徳的な善悪の問いではない。ここで問題になっているのは道徳的な罪ではない。そうではなく、ここで滅せられるべき「罪業」とは、私たちの存在論的次元に関わるなにかであるだろう。

ここにいたって、私たちはハイデガーの存在論を参照すべく促される。『存在と時間』第一部第二篇第二章「本来的な存在しうることの現存在にふさわしい証しと、決意性」を構成する七つの節において、ハイデガーは私たちの実存論的構造に内在する「良心」の「呼び声」をめぐって緻密な議論を展開している。

「良心」とはなにか。そのはたらきは、「現存在の自己を世人のなかへの喪失から呼び開く[21]」こと、すなわち、「世人＝ひと」の日常性のうちに頽落した状態から「最も固有〔＝本来的〕な存在しうること[22]」へと現存在に覚醒をうながすことにある。その「呼び声」は特異な性質をそなえている。それは「いかなる情報をも与えないし、物語るべき何ごとをももって[23]」おらず、「ひたすら不断に沈黙という様態において語[24]」りかけてくるのだが、その起源はと言えば、公共空間ではなく、「私とともに世界の内で存在しているなんらかの他者」でもない。「呼び声は、私のなかからやってくるのだが、しかもそれでいて私のうえへと襲ってくる[25]」のである。「「それ」が呼ぶ[26]」としか表現できないその非人称的な声が了解するよう告げるのはなにか。「責めあり」――「呼び声は現存在を「責めあり〔schuldig〕」と宣告する[27]」のである。

ここで言う「責め〔＝負い目〕ある存在〔Schuldigsein〕」とは、「誰かに借りがある」という意味ではないし、「何かに責任がある」という意味でもない。また、その両者の重なりから、結果として法に違反し「刑罰をうけるにいたる」ことでもなく、さらに他者をその実存において危うくすることで倫理的に「他者に対して責めを負うものになる」ことを指すのでもない。「「責めあり」という理念」を「現存在の存在様式にもとづいて把握」するためには「共存在に関連づけられている通俗的な責めの諸現象が脱落するにいたるまで」、その理念を「形式化」しなければならない、とハイデガーは言う。この観点からするとき、右に挙げた社会的・法的・倫理的な実例においてはいずれも「責め」が「必然的に、欠如として、つまり、存在すべきであり、また存在しうる何ものかの欠損として規定されて」おり、そのような規定は「責めあり」という理念のうちに「ひそんでいる」「非〔Nicht〕という性格」(28)を取り逃がしてしまうのである。この「非」によって規定される「責めあり」という概念は、いったいどのような事態を指しているのか。ハイデガーは書いている——

> 現存在は、けっしておのれの根拠に先んじて実存にもとづきつつ存在していることはなく、そのつど、おのれの根拠のうちから、またおのれの根拠としてのみ実存にもとづきつつ存在している。したがって根拠であるということは、最も固有な存在をけっして根底から支配する力をもっているのでは非ざるものであるということにほかならない。こうした非は被投性の実存論的意味に属している。根拠でありつつ現存在自身は、おのれ自身の非力さ〔Nichtigkeit：非－性〕なのである。非力さは、事物的な非存在とか非存立とかを意味するのでは断じてなく、現

存在の被投性という現存在のこうした存在を構成している非のことを言っているのである[29]。

現存在は、みずからの根拠としてみずからの実存以外の根拠をもたない。現存在は、実存しつつ、みずからがみずからの根拠であることを引き受ける。現存在は、みずからの根拠でありながら、その「最も固有な存在」を「根底から支配する力」を持っているのではない。この「ない＝非〔Nicht〕」こそが現存在の存在を、その「実存論的意味」を構成する。現存在とは、このような「ない＝非」によって支えられた存在なのであり、「おのれの存在の根拠において、責めある存在[30]」とは、そのような存在機制を指している。

ハイデガーが「良心」を語るとき、そこで問題になっているのは、したがって道徳的次元ではない。「非力さこそ、頽落における非本来的な現存在という非力さの可能性にとっての根拠なのだが、現存在はそのつどすでにそうした頽落としてつねに現事実的に存在している[31]」というハイデガーにとって、そのような「非力さ＝非‐性〔Nichtigkeit〕」によって徹底的に「浸透されている[32]」現存在が、「呼び声を了解しつつ、おのれの最も固有〔＝本来的〕な実存可能性に聞きつつ聴従」することこそが、「良心をもつということ」を「選択する」ことであり、「良心をもとうと意志すること[33]」なのである。すなわち、ここでの「良心」は、存在論的な選択の問題なのである。このことはつぎの定式化においていっそう明瞭になるだろう――「呼び声を了解しつつ現存在は、最も固有な自己を、おのれが選択した存在可能性にもとづいて、おのれの内で行為させる。このようにしてのみ現存在は、責任あるものとして存在することができるのである[34]」。

だがそれでは、この「責めあり」という「呼び声」は、道徳性とはまったく無関係なのだろうか。いや、そうではない。ハイデガーによれば「責めある存在」こそは、道徳性一般の可能性の条件なのである——

この本質上の責めある存在は、等根源的に、「道徳的な」善や悪にとっての、言いかえれば、道徳性一般とその現事実的に可能な諸形態とにとっての可能性の実存論的条件でもある。[35]

人間存在の根底に「非力さ＝非‐性〔Nichtigkeit〕」の構造を見て取るハイデガーにとって、道徳性一般は「根源的な責めある存在」を前提とする。道徳的な善悪は、いわば前‐起源的な審級としての「責め〔＝負い目：Schuld〕」から派生してくるものなのだ。

ここ、正確にこの地点こそが、法然‐親鸞の思考とハイデガーのそれとの分岐点であり、両者が最も鋭く対立する地点である。

ハイデガーは、人間存在の根源に「非力さ＝非‐性〔Nichtigkeit〕」を、そしてそれゆえの「責めあり」という「呼び声」を聴く。この「責め〔＝負い目〕」が道徳的概念ではなく存在論的概念であるにせよ、その根本的響きが、「責め」＝「有責性」という〈罪〉の音域に属していることは見てきたとおりである。それに対して、法然‐親鸞によって焦点化され前景化された阿弥陀仏の本願の「呼び声」はなにを告げるか。それは、道徳的次元においてのみならず存在論的次元においても〈罪〉を滅するということ、否、衆生の〈罪〉は阿弥陀仏の本願によってつねにすでに滅せられている、ということだ。すなわち、ハイデガーが人間存在のうちに「汝、責めあり」という声を聴くところで、法然‐親鸞は「汝、赦されてあり」という声を聴くのである。

そのことは、たとえば『教行信証』「行巻」の中で「一乗海《いちじょうかい》」というメタファーを解釈する際の親鸞に見て取れる。親鸞は書いている。「一乗」とは大乗仏教諸派が共有する概念であり、一切衆生が等しく同一の乗り物に収められて絶対的平等性において救われることを言うが、「海」とはなにを意味するか――

> 「海」といふは、久遠よりこのかた、凡聖所修の雑修雑善の川水を転じ、逆謗闡提恒沙無明の海水を転じて、本願大悲智慧真実恒沙万徳の大宝海水となる。これを海のごときに喩ふるなり。[36]

永劫の昔から凡夫や聖者が修めてきた自力の修行〔雑修〕や自力の善〔雑善〕の川の水を、そして「五逆」や「謗法」や「一闡提」といった罪深い人間が囚われている数知れぬ「無明」の海水すらを転じて、本願の大慈悲と智慧の真実という数知れぬ功徳に満ちた広大な宝の海の水に変えてしまう――それが「海」に喩えられる阿弥陀仏の他力である、とここで親鸞は言っている。ここには、ハイデガーが人間存在の根源に見た「非力さ＝非‐性」を「転じて」、内在的な充溢に変える「他力」の潜勢力が雄弁に語られている。

さらに、先に引いた『歎異抄』第十四章にも、同じことが別の角度からいっそうはっきりと告げられている。「私たちは阿弥陀仏の光明に照らしていただくがゆえに、一心に悟りを求める心を起こせば金剛の信心を賜るから、すでに止定聚〔＝浄土へ往生することが正しく定まり仏になることが決《けっ》定《じょう》している人々〕の位に阿弥陀仏は摂《おさ》め取ってくださり、命が終わるときにはもろもろの煩悩や悪しき障碍をそのまま転化して、生滅変化しない真理の安らぎを私たちに悟らせてくださる」。それゆえに――

この悲願ましまさずは、かかるあさましき罪人、いかでか生死を解脱すべきとおもひて、一生のあひだ申すところの念仏は、みなことごとく如来大悲の恩を報じ、徳を謝すとおもふべきなり。(37)

読まれるとおり、親鸞にとって阿弥陀仏の大慈悲の本願は、私たちのような「あさましき罪人」に「生死を解脱」することを可能にしてくれる力にほかならず、それゆえにその名を称える念仏はすべて「報恩謝徳」の行為となる。一生のあいだに称える念仏は、すべて阿弥陀仏の大慈悲の赦す力への感謝の応答なのだ。

ここから私たちは、法然－親鸞における「悪」＝「罪」の問いが、いったいなにに対立し、なにを批判的に解体するか、その射程をいっそう明確に描くことができるだろう。

法然－親鸞は、衆生の本質特徴として「悪人」性と「罪人」性を繰り返し強調する。二人にとって、みずからがその一員にほかならぬ凡夫は、その自己意識がどのようであれ、定義上すべからく罪業深き悪人である。悪と罪は人間存在のいわば類的本質であると考えられている。そのことから、法然－親鸞の人間理解をキリスト教における「原罪」思想と同一視する解釈がある。[38] しかし、この解釈がまったくの誤りであり、法然－親鸞の思考の現実に照らして維持できないことは、すでに見てきたところから明らかだ。

キリスト教の伝統は、聖書にしるされたアダムが神の命令に背き禁断の木の実を口にしたという堕落物語を典拠として、アダムの子孫であるすべての人間は生まれながらにしてその罪を負っており、人間は罪から脱し免れるすべをみずからでは一切持たないと定義し、この「原罪」からの救いは神の恩寵とその赦しによってしか可能ではないと説く――これが、諸宗派のあいだで異なる解釈があるとはいえ、「原罪」についての最大公約数的な教義であるだろう。ここで重要なのは、キリスト教における「罪」と「赦し」の関係、そして僧侶の役割をも含むその構造である。罪はまず、人間が悪に誘惑されてみずからの自由を恣意的に行使し、神の命令に背いたことから生じた。最初に神の命令＝掟があり、それに従わなかったことでみずからの善性を害った結果が原初の罪である。そしてその原初の罪をそれ以後の人間が負債として生まれながらに持つことが人類の罪であるわけだが、その罪を贖って磔刑の十字架で死を遂げたのち、復活しかつふたたび昇天したイエス・キリストという超越的人格神を信仰することで、人間はそれが授ける恩寵によってみずからも同様に罪を赦され救済される――すなわち、〈神の命令―違反―原初の罪―人間の罪―キリストによる赦し―神の国での祝福〉というのがこの宗教の構造であり、つまりは罪の発生も罪の赦しも神に起因し神に帰着するわけである。そしてこの構造の内部における僧侶の役割は、神の代理人として人々にその罪を自覚させ、かつその赦しが神によってのみ与えられることを教えることにある。僧侶＝司祭および牧師は、人々に罪の意識を植えつけつつその意識＝良心を管理することで、人々を文字どおり善き羊の群れとして教導するのである。

この構造の全体に対して最も仮借なき批判を展開したのがニーチェであることは言うまでもない。ニーチェによるキリスト教批判の全貌を見ることはむろんここではできないが、私たちの議論に直接かかわる論点として「負い目（罪責）の意識、〈良心の疚《やま》しさ〉」が「一体どのようにして世界にあらわれてきたか？[39]」と問うニーチェがいる。ニーチェは「在来の道徳系譜学者ら」が「〈負い目〉(Schuld) というあの道徳上の主要概念が、はなはだもって物質的な概念である〈負債〉(Schulden) から由来したものだということ[40]」に注意してこなかったと指摘したあとで、「これまでに達せられた最高の神であるキリスト教の神の出現は、それゆえまた、最高度の債務感情をこの地上にもたらしたのである[41]」と書く。ニーチェにとってキリスト教は、人類に「彼らの始源すなわち第一原因にたいして負債があるというこの根深い感情[42]」を生じさせ、きわめて重い道徳的抑圧をもたらした点で容認しがたい精神体系である。そしてその体系における僧侶の役割を、ニーチェはこれ以上ないほど厳しく糾弾している――

神への、言いかえれば僧侶への、「律法」への不服従が、いまや「罪」の名で呼ばれる。「神との和らぎ」をとりもどす手段は、とうぜんのことながら、僧侶どもへの服従がただいっそう根本的に保証される手段にほかならない。僧侶のみが「救う」のである・・・心理学的に割りだせば、僧侶的な組織をもついずれの社会においても「罪」が不可欠である、すなわち、罪は権力の本来的な把手であり、僧侶は罪によって生き、「罪が犯される」ということを必要とする・・・「神は、悔い改める者を赦す」という最高命題は——わかりやすく言えば、赦されるのは僧侶に服従する者。(43)

「原罪」を刻印することで、人間の生にその端緒から「負い目」を持たせ、その「債務感情」をめぐって、服従とその代価としての赦しという商取引にも似た体系を構築するキリスト教。そしてその体系を維持するために「罪」が必要とされるがゆえに、エージェントたる僧侶は「悔い改めよ」と告げつつ「罪」を再生産し続ける……。

こうしたすべてと対比するとき、法然‐親鸞の教えの独自性が鮮明になる。法然‐親鸞もたしかに、衆生が悪人であり罪を犯さずにはいられない存在であることを前提とする。だがそれは、衆生の「負い目＝罪責感」を利用してみずからの宗教体系を構築したり、拡大あるいは再生産するためではない。衆生を「罪悪生死の凡夫」と規定するにしても、それはなによりもまず、同時代に支配的だった「生死流転」「六道輪廻」という観念形態《イデオロギー》とそのオブセッションから人々を解放するためであったのだし、「五逆」などの現実的な罪を犯した者に救済を約束する際にも、法然‐親鸞はみずからへの服従を条件とすることは決してなかった。この二人が説いたのはただ、無限なる他者である「阿弥陀仏の名を称せよ」ということだけであり、それはその名を称することが「罪を滅する」から、つまり、人々を押し潰しかねない「負い目＝罪責感」を称名念仏という行為が消し去り、一切の「罪」の感情と意識から人々を自由にするからであった。「阿弥陀仏」はその本質からして、いかなる超越的な掟の審級も構成せず、したがってみずからにかかわる存在にいかなる「負い目」も「罪責感」もいだかせない、そんな無限の迎え入れなのである。

しかも、法然‐親鸞において称名念仏をとおして消去される「悪」と「罪」は、社会的‐法的‐倫理的な現れをなす前の存在論的次元におけるそれでもあった。世界と歴史の根源に阿弥陀仏の大慈悲を、その内在的に貫通する横溢する流れを見て取る法然‐親鸞の教えには、「原罪」に類する概念が入り込む余地はない。ハイデガーによる人間理解の根底には「責めあり〔schuldig〕」という「良心の呼び声」があったが、そのような思考を仮に「存在論的原罪」主義と名づけるとすれば、法然‐親鸞の思考は「存在論的原‐赦し」主義とでも形容し得る特異性をそなえている。一切の存在がつねにすでに赦されてあること――それこそが他力の教えの核心なのである。

こうして私たちは、阿弥陀仏の大慈悲の力、その赦しの力の特徴線を、ある程度明確化することができたように思う。だがこの力は、私たちが現在直面している社会状況の中で、どのような効果を持つだろうか。そのアクチュアリティと実効性は、はたしてどのような場面で試されるだろうか。

註

（1）大橋俊雄『法然全集』第三巻、春秋社、一九八九年、六四頁。

（2）『浄土真宗聖典――註釈版　第二版――』浄土真宗本願寺派総合研究所編、本願寺出版社、二〇一三年、八三三頁。

（3）大橋俊雄『法然全集』第二巻、春秋社、一九八九年、一六一－一六三頁。
（4）同書、一六三頁。
（5）同書、二六〇頁。強調引用者。
（6）同書、二六一頁。
（7）同書、二八五頁。
（8）同書、二六九－二七〇頁。
（9）同書、二六九頁。
（10）同書、二六六頁。強調引用者。
（11）同書、二九七頁。
（12）『浄土三部経（上）無量寿経』中村元・早島鏡正・紀野一義訳註、岩波文庫、一九九〇年、一五七頁。強調引用者。訳文軽度に変更。
（13）『浄土真宗聖典』前掲書、三〇二頁。
（14）同書、三〇三頁。
（15）同書、八四二頁。
（16）同書、八四二－八四三頁。
（17）同書、八四四頁。
（18）同右。
（19）同右。
（20）同書、八四六頁。強調引用者。
（21）マルティン・ハイデガー『存在と時間』原佑・渡辺二郎訳、「世界の名著62」中央公論社、一九七二年、四四三頁、下段。
（22）同書、四四二頁、上段。
（23）同右。

(24) 同書、四四二頁、下段。強調原文、以下同様。
(25) 同書、四四五頁、上段。
(26) 同書、四四四頁、下段。
(27) 同書、四五二頁、下段。
(28) 同書、四五四－四五六頁、上－下段。
(29) 同書、四五八頁、下段。
(30) 同書、四六一頁、上段。
(31) 同書、四五九頁、下段。
(32) 同書、四六〇頁、上段。
(33) 同書、四六三頁、上－下段。
(34) 同書、四六四頁、上段。訳文軽度に変更。
(35) 同書、四六一頁、上－下段。
(36) 『浄土真宗聖典』前掲書、一九七頁。
(37) 同書、八四五頁。
(38) ここでもその典型として、南直哉『超越と実存――「無常」をめぐる仏教史』(前掲書)のつぎのようなくだり――「実際、救済力の「絶対性」そのものは、凡夫に認知できるわけがなく、それは自らの「凡夫性」(相対性)の根源的で際限ない自覚から、いわば反照的に感受されるほかない。〔…〕だとすると、「悪人」としての実存の把握は、「無明」や「煩悩」として状況を捉える仏教本来のアイディアよりも、「原罪」の考え方に近く、極めて「一神教」的であろう」(二〇二頁)。
(39) フリードリッヒ・ニーチェ『善悪の彼岸　道徳の系譜』信太正三訳、「ニーチェ全集11」ちくま学芸文庫、一九九三年、四三〇頁。
(40) 同書、四三一頁。
(41) 同書、四七二頁。

(42) 同右。
(43) フリードリッヒ・ニーチェ『偶像の黄昏　反キリスト者』原佑訳、「ニーチェ全集14」ちくま学芸文庫、一九九四年、二〇二頁。

第二章　赦し得ぬものを赦すこと――「悪人正機説」の過去と未来

（一）死刑を問う――罪と罰のエコノミーを超えて

私たちは、法然‐親鸞の説く称名念仏の教えが、「生死の罪」という中世日本社会における支配的観念形態《イデオロギー》から人々を解放し、かつ「十悪五逆」という現実に犯された罪を滅し、「誹謗正法」の罪を「抑止」しつつそれを犯した者をも対象とする、文字どおり一切衆生をあまねく救済する教えであることを見てきた。そしてその救済力は、事実的な行為の次元のみならず、存在論的次元においても人間の有責性を解除する「原‐赦し」の力として作動するものであった。だが、この法然‐親鸞による「存在論的原‐赦し」の教えはどのようなアクチュアリティを持っているか。その思想史的射程はいったいどのようなものであるのか。

死刑の問い――今日の私たちが法然‐親鸞とともに向き合うべきなのは、なによりもまずこの究極の刑罰の存廃の問いであるだろう。実際、EUがその加盟の条件としているなど、現在世界一〇六カ国であらゆる犯罪に対して死刑が廃止され、加うるに一〇年間以上執行が停止中の事実上の死刑廃止国が二九カ国にのぼり、死刑廃止が世界的潮流である中で、日本はアメリカ合衆国および中国とともに、いわゆる北側先進国で死刑を存置している数少ない国の一つである。そこにはどのような社会的要因があり目的があるのだろうか。

内閣府が五年ごとに実施している「基本的法制度に関する世論調査」の最新の結果(二〇一五年一月発表)[1]によれば、この国における死刑存置派(「死刑もやむを得ない」)は八〇・三%であり、廃止派(「死刑は廃止すべきである」)の九・七%をはるかに上回る多数派を占めている(この比率は過去一〇年間でほぼ同じである――二〇〇五年一二月の調査では存置派が八一・四%、二〇〇九年一二月では存置派が八五・六%)。存置派が挙げる理由(複数回答可)としては、「死刑を廃止すれば、被害を受けた人やその家族の気持ちがおさまらない」が五三・四%、「凶悪な犯罪は命をもって償うべきだ」が五二・九%、「凶悪な犯罪を犯す人は生かしておくと、また同じような犯罪を犯す危険がある」が四七・四%、「死刑を廃止すれば、凶悪な犯罪が増える」が四七・二%である。ここに見て取れるように、存置派が論拠とするのは遺族感情の重さ、同害刑罰論、更生可能性への懐疑、そして犯罪抑止効果だが、このうち最後の犯罪抑止効果のみが社会政策上の判断であり、その他は犯罪者の人間存在についての判断、そしてそれにもとづいた刑罰の選択である。ここに示された論拠は要するに、凶悪犯には更生は期待できず、そうである以上、遺族感情を満足させるために殺人者には死をもって償わせよ、という復讐の論理であり、そこには同害刑罰という概念が強力に働いている。

罪に対する復讐としての同害刑罰という考え方は、古代から続く論理であり、論理である以前に情念の表現と言うべきものである。今日広く知られている「目には目を、歯には歯を」という定式[2]は、旧約聖書の「出エジプト記」第二十一章二十二節から二十五節、および「申命記」第十九章十八節から二十一節に見出されるものだが、その前提として「出エジプト記」第二十一章には「人を打って死なせた者は必ず死刑に処せられる」（十二節）という文言があり、また故意の殺人者は「処刑することができる」（十四節）し、さらに「必ず死刑に処せられる」対象として「自分の父あるいは母を打つ者」（十五節）、「人を誘拐する者」（十六節）、「自分の父あるいは母を呪う者」（十七節）が挙げられている。ここでの死刑の対象者が『無量寿経』第十八願に言う「五逆」のうち「殺父」「殺母」と重なっていることは、ユダヤ＝キリスト教と浄土教との一致点として留意されるべきであり、かつ善導＝親鸞が解釈の変更によってその重罪をも救いの対象に包摂したことは強調に値するが、この点には後に立ち戻ることとしよう（父母の殺害が「尊属殺人」としてこの国では一九九五年の刑法改正で削除されるまでその他の殺人より重く、一人の殺害でも死刑または無期懲役に処せられていたことも併せて留意されるべきだろう）。

ところで、宗教的教義を離れても、この同害刑罰としての死刑の論理は維持された。近代哲学史上その最も明確な位置づけを行なったのはカントである。ただし、カントにおける同害刑罰は、復讐ないし報復という意味を死刑から理念的に排除する点に最大の特徴がある。『人倫の形而上学』の中でカントは「刑罰法則は一個の定言的命法である」と規定し、つぎのように書いている――

だが、どういう性質の、またどういう程度の処罰を、公的正義はみずからの原理とし規準とするのか？　それは、いずれか一方の側よりも他方の側へいっそう多く傾くことのないという、（正義の秤における指針の地位にある）相等性の原理以外の何ものでもない。それゆえ、汝が人民に所属する或る他人に対して当人に受けるいわれのないどういう害を加えようとも、汝はそれを汝自身に加えるのである。汝が彼を侮辱するならば、汝は汝自身を侮辱するのである。汝が彼から盗むならば、汝は汝自身から盗むのである。汝が彼を打つならば、汝は汝自身を打つのである。汝が彼を殺すならば、汝は汝自身を殺すのである。ただ同害報復権（jus talionis）のみが、ただし、もちろん（汝の私的判断におけるそれとしてではなく）法廷におけるそれとして理解されるべきであるが、これのみが刑罰の質と量とを確定的に示しうる。(3)

カントにとって「同害報復権」（「タリオの法」）はア・プリオリな原理であり、「一切の他の諸原理は、〔…〕純粋にして厳格な正義の判決との何らの適合性をも含みえない(4)」と見なされる。ここでカントが定位する「相等性」は厳密なものである。これに先立つくだりでカントは「裁判所による刑罰（poena forensis）」は「決して単に或る他の善を促進するための手段」として、あるいは「公民的社会のため」に実行されてはならず、「常にただ彼が犯罪を行なったがゆえにのみ彼に対して下される(5)」のでなければならないことを強調している。犯罪者であっても「人間は決して単に他人の諸意図のための手段として取扱われ(6)」てはならないのである。すなわち、死刑の判断についても社会における犯罪抑止効果や遺族感情への配慮などは一切関与的であってはならず、ただ他者を殺した者はその罪に対し「相等性」を有する罰として「公的正義」によって殺されるべきである、というのがカントの立論である。

カントによって定位されたこの罪と罰との「相等性」はきわめて理性的であり、異論の余地がないかのようにも映る。だが、殺人という罪とそれに対する死刑という罰とを「相等」＝「等価」と見なすこの論理は、いったいどのような計算をうちに含んでいるのか。ある罪に対して「同害」を加えると言うとき、そこで「同じ」と考えられているものはいったいなにか。「同じ」暴力か、「同じ」苦痛か、それとも「同じ」不幸だろうか。殺人に対する処刑という究極の場面において、二つが「等価」であることは、いったいなにによって保証されるのだろうか。

「同害刑罰」が前提とするこの罪と罰との「相等性」＝「等価性」という概念そのものをその発生の現場にまで遡行することによって問い直したのが、ニーチェである。『道徳の系譜』においてニーチェは、厳格な理性のみにもとづいているように見えるカントについて、「彼の定言命法には残忍の臭いがする」(7)と言うと同時に、つぎのように問いかけている。「人類史のきわめて長い期間にわたって「悪行の主犯者」にその「責任を負わせるという理由」で刑罰が加えられたことはまったくなかったし、「有罪者だけが罰せられるべきだという前提」のもとで刑罰がなされたこともなく、むしろ刑罰は「加害者に向けてぶちまけられる被害についての怒り」から行なわれてきた。しかし——

しかしこの怒りは、すべての損害にはどこかにその代償となるべき等価物があり、したがってそれは、加害者に苦痛を与えることによってであろうと、実際に賠償されうるものだという観念によって制限され加減された。——この至って古い、深く根をはった、おそらく今日ではもはや根絶しがたい観念、損害と苦痛とは等価であるというこの観念は、どこからその力を得てきたのであろうか？　その秘密はすでに私の洩らしたところだが、つまりその力の出所は債

権者と債務者との契約関係のうちにある。(8)

債権者は、直接的な利益の取得によって損害を埋め合わせるかわりに（つまり金銭や土地やその他なんらかの所有物を賠償にとるかわりに）、一種の快感を返済もしくは賠償として味わうことが許容される。〔…〕債務者に〈刑罰〉を加えることによって債権者は、主宰権というものに参与する。かくてついには彼もまた、他の者を〈目下〉として軽蔑し虐待することができるという優越感を、――あるいはすくなくとも、実際の刑罰権、行刑の権限がすでに〈官憲〉の手に移っている場合には、他の者が軽蔑され虐待されるのを見るという優越感を、いだくことができるようになる。要するに、賠償の実体は、残忍の行為を指図し要求する権利をもつというところにあることになる。(9)

ニーチェにしたがえば、刑罰はそもそも被害者が「加害者に向けてぶちまけ」る「怒り」であったのだが、その「怒り」は、「損害」の「代償となるべき等価物」によって「賠償」されうるという計算法の確立によってその直接性を「制限」された。被害者と加害者の関係は「債権者と債務者」の「契約関係」にいわば翻訳されたわけだが、そのことは「刑罰」が報復的ないし復讐的性質を失ったことをなんら意味しない。「債権者」となった被害者は、「直接的な利益」の代わりに「債務者」たる加害者に与えられる「刑罰」をとおして「快感」を「味わう」ことが、あるいは「債務者」たる加害者が「軽蔑され虐待される」のを「見る」という「優越感」を得ることが、できるようになった。つまり、被害と加害の、したがって罪と罰の「相等性」＝「等価性」という尺度のみにもとづき、感性的・経験的条件の一切を排しているかに見えるカントの理性的判断も、実のところ、その「公的正義」の外見のもとに「残忍の行為」を隠しているのだ。すなわち、あらゆる刑罰が報復ないし復讐であることを免れないという系譜学的真実……。

ところで、こうしたすべてを考慮するとき、この国における死刑制度の現状は私たちになにを思考すべく促すだろうか。ここに、法然－親鸞における悪の問いと罪の問いを経由してきた私たちにとって、けっして看過することのできない一つの事例がある。永山則夫のケースがそれである。日本の戦後刑事裁判史上、「永山則夫事件」はいくつもの観点から特別な重要性を持つ。なによりもまず、量刑判断の大きな揺らぎがある。一九六八年一〇月から一一月の犯行当時十九歳であった永山則夫が実行した連続する四件の殺人に対して、起訴後十年を費やした東京地方裁判所での第一審（一九七九年七月一〇日）は死刑判決、しかし、東京高等裁判所における控訴審判決（一九八一年八月二一日）では、被告の生育過程や犯行時未成年であったこと、そして勾留中の心境の変化など――これらについてはすぐ先で詳述する――が考慮され、第一審を破棄した無期懲役の判決が言い渡される。しかしさらに検察側が異例の上告（刑事訴訟法第四〇五条一項・二項が認める最高裁への上告の事由は、原判決に「憲法の違反があること又は憲法の解釈に誤があること」ならびに「最高裁判所の判例と相反する判断をしたこと」だけであり、量刑不当を理由として検察が上告した例はそれまでなかった）、最高裁判所第二小法廷は上告審判決公判（一九八三年七月八日）において控訴審の無期懲役を破棄し、審理を東京高裁に差し戻す判決を言い渡し、これを受けた東京高裁は審理の結果、控訴審の無期懲役を破棄し改めて死刑判決を言い渡す（一九八七年三月一八日）。永山被告はこれを不服として上告するが、最高裁第三小法廷は第二次上告審公判（一九九〇年四月一七日）において永山被告の上告を棄却し、最終的に永山則夫の死刑が確定することになる。死刑－無期懲役－死刑――この一点だけを見ても、これが「量刑」という概念の危うさ、とりわけ死刑を「量刑」という尺度のうちに位置づけること自体の大きな問題性を露呈させたケースであったと言うに充分である。

第二に、勾留中の永山における精神活動と思索のきわめて例外的な深まりがある。「永山則夫事件」が一個の刑事事件としては異例に広い社会的関心を集めたのは、極貧の家庭で幼少期を過ごし、あらゆる教育機会を奪われて育ち、「貧乏が憎い」（一九七〇年八月二六日公判[10]）がゆえに社会への復讐として無関係の市民を立て続けに射殺した十九歳の犯人が、逮捕後、拘置所内での社会運動家らとの出会いとその影響から始まった膨大な読書体験をとおして、急速に精神的成長を遂げ、法廷においてみずからの生い立ちについての省察にもとづく社会批判の発言をするようになったこと、のみならず、拘置所内で書き綴った手記が支援者の手で『無知の涙』、『人民をわすれたカナリアたち』（ともに一九七一年）として出版されたのを皮切りに、やがて小説をもつぎつぎに発表する本格的な作家へと変貌していったことによる。その精神の変貌はまさに奇跡的なものであり、社会全体へ大きな衝撃をもたらした。

実際、漢字の読み書きすらおぼつかなかった永山が、猛烈な勢いで学習を始め、逮捕後三カ月目には手記の執筆を開始、プラトンやアリストテレス、マルクスとエンゲルス、キルケゴールやドストエフスキー、フロイトからフランツ・ファノンまで等々を読破したうえで、現代社会への鋭い批判的視座を獲得するに至るまで、わずか一年から一年半の時間であったという事実には、誰もが驚嘆するほかないだろう。『無知の涙』の中には、たとえばつぎのような言葉が――

人間誕生の時はすべて〔男と女の性別はあれ〕同じなのであり、教育の良し悪しでその人間がどうなるかが決定するのである。その教育を受ける時、物質的幸福者とそうでない者との間に差異が生じて来る。そしてそれが資本主義日本の現況である。それを匡正するのは国家権力しかないのである。(11)

若し刑死するとしよう。私は何のために刑死するのか？　――それは国家内の法的秩序を固守するためでしかないのだ。そして、この国家とは何だ⁇　――この国家とは、私が生存する国家とは、淑女・神〔紳〕士の愛する、そして彼等がいう自由な資本主義国家なのである。この資本主義国家とは悲惨そのものであるのだ‼〔…〕この国家が存続する限り、私のような輩は絶滅することはないであろう。故に思う、再度私のような輩を出さないために――御都合主義な奴と讒訴されても――勇気を振る〔奮〕い興〔起こ〕さねばならない、と。(12)

外罰的に言って、あの嫌悪の家で育成しないのであったなら総ては――非難の対象になる事件は――起こるものではなかったのだ。つまり、私は自己自身の意志によってこの破壊しても当然だと思う世に誕生したのではないぞ、ということであるのだ。〔…〕いわんや、この性格を立派なものに――けだし、社会に順応せるように――するのには、幼児期から小児期を私の親のような無知の見本となるような者にまかせておいては取返しのつかないものになるから、何らかの方法を行使したらどうかと叫ぶのだ。[13]

私は思う、ブルジョアジーにはプロレタリアを裁く資格がないということを――。[14]

そして、永山が勾留中に獲得したのは、こうした社会構造への分析的批判意識だけではなかった。控訴審での判決の約半年前、それまで貧困を生み続ける日本の資本主義社会を根底から否定するみずからの「思想に生き」「わらって死んで」[15]いくことだけを主張していた永山の心理に大きな転換が起きる。その転換には、一九八〇年四月にアメリカ合衆国ネブラスカ州から拘置所の永山に宛てて手紙を書き、それ以後文通を続け、同年一〇月に来日、永山と面会を重ね、ついに獄中の永山と婚姻関係を結び伴侶となった新垣和美という女性（永山は「ミミ」と呼んでいた）が決定的な役割を果たした。一九五五年、アメリカによる占領統治下にあった沖縄で日本人の母とアメリカ海軍所属のフィリピン人の父とのあいだに生まれたが、幼くして実父と生き別れ、日系アメリカ人と再婚した母が義父となったその男性とともに合衆国へ渡る際に一人沖縄に「無戸籍児」として取り残された和美氏は、その幼少期の厳しい境遇から、精神的に永山と多くを分け持っていた。貧困、「混血児」への差別、そして与えられなかった母の愛――だが、それゆえにこそ彼女は永山の最大の理解者となり得たのであり、かつ彼女は、永山との文通によって生きる力を与えられた自分が今度は永山を生きさせ、永山に自分とともに生きる意志をいだかせようと強く決意した。拘置所の永山に代わって、永山に殺された被害者の遺族のもとを訪問し弔いと謝罪と償いを続ける彼女の行動と言葉が、永山自身の心を社会とのかたくなな批判的対決から伴侶とともに贖罪の命を生きることへと変化させたのである。ここに控訴審における和美氏の証人尋問（一九八一年三月二〇日）の記録がある――

面会のたびに、彼に「生きることを考えて欲しい」と私は泣いて頼みました。すると彼は「自分の命は捨てても思想は残さなければならない」と言うのです。しかし私に残るのは思想ではなく、永山則夫本人であってほしい。そう彼に頼む時、泣くつもりではなくても、私は泣いてしまう。すると彼が「泣くな」と怒るので、「あなたが生きることを考えない以上、私は生きていけない」と私は言いました。すると彼は「ミミは死ぬな！」と言うのです。それから毎日、私はアパートで考えている。「生きてよ、生きてよ、私のために生きてよ」と……。

しかし生と死のギリギリの立場で、死刑囚である彼は板ばさみになって苦しんでいます。でも彼は、とうとう私に言ってくれたのです。「どんな判決が下るにせよ、おれはミミを信じて生きる」と。私が名古屋の遺族に会ってから、初めて彼はそう言ってくれたのです……。[16]

そして事実、永山は初公判から十年以上を経て事実上初めて行なわれた被告人質問において、弁護士からの質問に対してつぎのような発言をする（以下、話し言葉を簡潔化）。問い：「もし再び社会に出られたら、何をしたいか」――答え：「まず被害者のお墓参りをする。できたら遺族に会ってお詫びする」――問い：「どんな仕事をするか、将来考えていることはあるか」――答え：「塾をやってみたい。それは自分が生きてきた学歴競争の社会におけるのとは異なる意味での塾であり、一番の点をとった人に、一番ビリの人を援助させる。そのような塾をミミと一緒に作りたい」――問い：「裁判中の事実関係について、自分自身の責任の有無、重み、程度についてどう考えているか」――答え：「函館〔の犠牲者〕に小さい遺児が二人いると聞かされショックを受けた。遺児のために何とかしたいという気持ちになり、自分のしたことが〔同じ労働者階級の人間を殺した〕「仲間殺し」だとわかり、それまで憎しみだけで生きてきたものがガラガラと崩れるような感じで、「仲間殺し」というどうしようもない後悔があり、その一点から「後悔の証明」みたいなもの〔が続いている[17]〕」。

犠牲者の弔い、遺族への謝罪、「学歴競争の社会」の論理を根本的に是正する最も優秀な者が最も劣位の者を「援助」する制度を組み込んだ「塾」という教育環境の構想、そして資本主義経済システムの内部で等しく搾取される「仲間」を殺したことへの深い後悔――ここには「永山則夫事件」を生んだ社会の歪みへの正当な批判的眼差しがあり、かつ、その事件以後の時間をいかに再構築していくべきかについての熟慮と省察がある。永山はこの時点で、すでにはっきりと更生への道を歩み始めていると言えるのだ。

この変化、殺人者の文字どおり全人格的なこの変貌に対して、司法は応えた。船田三雄を裁判長とする控訴審が、一審の死刑判決を破棄し、無期懲役を言い渡したのである。このいわゆる「船田判決」は、どのような点で画期的であったか。およそ六万字に及ぶ判決文[18]は、実のところ、そのほとんどの部分が「本件控訴の趣旨」を整理したうえで、それらを「理由がない」として否定することに費やされている。（イ）不法に公訴を受理したとの主張、（ロ）理由のくいちがいの主張、（ハ）審理不尽、訴訟手続の法令違反の主張、（ニ）違法性阻却事由の存在を理由とする事実誤認の主張、（ホ）責任性阻却事由の存在を理由とする事実誤認の主張、（ヘ）法令適用の誤の主張、（ト）量刑不当の主張――これらがその各項目だが、特に（ヘ）において、「刑法の死刑規定」は「憲法前文、九条、一一ないし一四条、三一条、三二条、三六条、三七条、九七条、九九条に違反し無効」であり「被告人に刑法の死刑規定を適用した原判決には法令適用の誤がある[19]」という弁護人の主張を、この判決がいったんは明確に斥けている点が注目される。この判決が述べているのは、憲法一三条（【個人の尊重と公共の福祉】）が「他人の生命を尊重せずに、故意にこれを侵害した者が自己の行為につき、自己の生命を否定する刑罰を受けるべき責任を負うことを立法上当然予想」していること、憲法三一条（【法定手続きの保障】）が「国民個人の生命も、法律の定める適正の手続きによって奪う刑罰を科し得る」ことを明示し「死刑の存置を想定是認した規定」だと解釈されること、さらに「刑罰としての死刑そのもの」が「現在の法秩序のもとにおいてはやむを得ない刑罰」であり憲法三六条（【拷問及び残虐刑の禁止】）に言う「残虐な刑罰には該当しない[20]」と解される、ということである。つまり、この法廷も死刑の合憲性を認め、その制度の存在を前提としてはいたのである。

　だが、判決文は最後の約三五〇〇字で独自の見解を述べる。永山によって四人の貴重な命が奪われたこと、遺族の悲嘆が察するに余りあること、「連続射殺魔」と呼ばれた永山の犯行が市民社会を恐怖に陥れたこと、さらに第一審の十年以上にわたる長期化は永山の「法廷闘争に原因」があり、それが「到底許されない訴訟行為」であったことなどを再確認し、「原審が被告人の本件各犯行に対する刑事責任として死刑を選択したこと」は「首肯できないわけではない」と言ったうえで、しかし、と判決文は続ける――

しかし、死刑が合憲であるとしても、その極刑としての性質にかんがみ、運用については慎重な考慮が払われなければならず、殊に死刑を選択するにあたつては、他の同種事件との比較において公平性が保障されているか否かにつき十分な検討を必要とするものと考える。ある被告事件について、死刑を選択すべきか否かの判断に際し、これを審理する裁判所の如何によつて結論を異にすることは、判決を受ける被告人にとつて耐えがたいことであろう。もちろん、わが刑法における法定刑の幅は広く、同種事件についても、判決裁判所の如何によつて宣告される刑期に長短があり、また、執行猶予が付せられたり、付せられなかつたりすることは、望ましいことではないが、しかし裁判権の独立という観点からやむを得ないところである。しかし、極刑としての死刑の選択の場合においては、かような偶然性は可能なかぎり運用によつて避けなければならない。すなわち、ある被告事件につき死刑を選択する場合があるとすれば、その事件については如何なる裁判所がその衝にあつても死刑を選択したであろう程度の情状がある場合に限定せらるべきものと考える。立法論として、死刑の宣告には裁判官全員一致の意見によるべきものとすべき意見があるけれども、その精神は現行法の運用にあっても考慮に価するものと考えるのである。[21]

複数の「同種事件」間における厳密な公平性、裁判体ごとに生じる可能性のある偶然性・偏差のまったき排除、「裁判官全員一致」の原則化――これらの条件を死刑の選択のために完全に満たすべき条件とするこのくだりは、すでに多くの評者が指摘しているように、「立法論の動向を踏まえて意識的に問題提起[22]」をしつつ、「死刑規定の適用を事実上不能にする[23]」もの、「運用上の死刑廃止論の立場とも解される[24]」ものである。すなわち、死刑は制度上合憲だが、その運用は現実的に制限されるべきであるというのがこの法廷の主張だったのである。

この「見解を基礎として」――というのが続く判決文の言葉だ――、法廷は永山被告の情状の再検討に入る。その論点はつぎの三つである。第一に、永山を裁くに際して「少年法の精神」を「生かす」べきこと。第二に、和美氏との獄中結婚という環境の変化にともない永山に「心境の変化」が起きたことへの評価。第三に、永山がその著作の印税を被害者遺族に送り、「慰藉の気持をあらわしていること」の考慮。

まず一点目について、判決はつぎのように述べる――

本件犯行は被告人が少年のときに犯されたものであることに注目しなければならない。本件犯行の中心をなすのは、昭和四三年一〇月一一日から一一月五日の一か月足らずの短期間に行なわれた四人の被害者に対する一連の射殺事件であるが、右の一過性の犯行当時被告人は一九歳の少年であつたのである。少年法五一条によれば、犯罪時一八歳に満たない少年に対しては死刑を科し得ないこととなつている。被告人は当時一九歳であつたから、法律上は死刑を科することは可能である。しかし、少年に対して死刑を科さない少年法の精神は、年長少年に対して死刑を科すべきか否かの判断に際しても生かされなければならないであろう。[25]

永山の犯行が「一過性」のものであったこと、そして犯行当時十九歳の「年長少年」であった永山にも「少年に対して死刑を科さない少年法の精神」が生かされるべきことを言ったうえで、さらに判決は、被告人が「出生以来極めて劣悪な生育環境」にあり、父母による庇護から見放されて「愛情面においても、経済面においても極めて貧しい環境」に育ったことに留意し、「人格形成に最も重要な幼少時から少年時にかけて」のその物心両面における欠乏状態を考えるなら、被告人は「本件犯行当時一九歳であつたとはいえ、精神的な成熟度においては実質的に一八歳未満の少年と同視し得る状況にあつたとさえ認められる[26]」と確言する。

第二点目については、つぎの全体を引くべきだろう――

第二に、被告人の現在の環境に変化があらわれたことである。すなわち、被告人は昭和五五年一二月一二日かねてから文通で気心を知つた新垣和美と婚姻し、人生の伴侶を得たことがあげられる。同人については当審においても証人として尋問したが、その誠実な人柄は法廷にもよくあらわれ、たとえ許されなくとも被害者の遺族の気持を慰藉し被告人とともに贖罪の生涯を送ることを誓約しているのである。右のように誠実な愛情をもつて接する人を身近に得たことは、被告人にとつてこれまでの人生経験上初めてのことであろう。被告人は当審において本人質問に応じて供述したが、その際にも素直に応答し、その心境の変化が如実にあらわれているように思われるのである。[27]

第三点目について判決文は、被告人が「本件犯行後獄中にて著述を重ね、出版された印税を被害者の遺族におくり、慰藉の気持をあらわしていること[28]」を挙げる。四人の被害者の遺族のうち、「東京プリンスホテル事件」の被害者A氏の遺族、「名古屋事件」の被害者B氏の遺族は印税の受領を拒んでいるが、「函館事件」の被害者C氏の遺族は「昭和四六年五月一八日から昭和五〇年八月一二日までの間に合計四、六三一、六〇〇円」を、「京都事件」の被害者D氏の遺族は「昭和四六年八月五日から昭和五〇年一月一〇日までの間に合計二、五二四、四〇〇円」を受け取っていること、「更に当審にいたつて」、和美氏が「被告人の意をうけ、弁護人とともに、B氏、C氏、D氏の三遺族を訪れ」たこと、その際B氏の遺族は「息子に対するせめてもの供養」であるとして印税の受け取りは拒んだものの和美氏に対しては「こころよく応待し、激励の言葉すら述べている」ことを確認したうえで、判決文はつぎのようにこの節を締め括る――「被告人の一連の犯行によつて家族を失つた被害者の遺族の気持は、これらによつては到底償えるものではないけれども、K子のこれらの行動によつて、A氏の遺族を除く三遺族の気持は、多少なりとも慰藉されているように認められるのである」[29]。

そしてついに、これらの情状を整理・分析したこの法廷の結語がくる。原判決破棄・無期懲役言い渡し理由の最後の言葉はこうだ——

以上のとおり、原判決当時に存在した被告人に有利ないし同情すべき事情に加えて、当審において明らかになつた更に被告人に有利な事情をあわせ考慮すると、被告人に対し現在においてもなお死刑を維持することは酷に過ぎ、各被害者の冥福を祈らせつつ、その生涯を贖罪に捧げしめるのが相当であるというべきである。[30]

死の宣告から、贖罪に捧げるべき生への決定的な転換——ここには「同害刑罰」の論理を超えた、したがってその「公的正義」の名のもとに隠された復讐の論理を超えた、赦しの地平への開かれが確かにあったと言える。

そして、この新たに考慮された情状のうちには、罪とその責任主体についてのきわめて重要な省察が含まれていた。極貧のうちに育ち、父母から愛情をまったく受けることなく、日々「辛うじて飢えをしのぐ」だけであった永山の幼少期の環境を検討し、「少年法の精神」を「生かさなければならない」ことを述べた直後に、判決文はつぎのように告げていた——

かような生育史をもつ被告人に対し、その犯した犯罪の責任を問うことは当然であるとしても、そのすべての責任を被告人に帰せしめ、その生命をもって償わせることにより事足れりとすることは被告人にとって酷に過ぎはしないであろうか。かような劣悪な環境にある被告人に対し、早い機会に救助の手を差しのべることは、国家社会の義務であって、その福祉政策の貧困もその原因の一端というべく、これに眼をつぶって被告人にすべてを負担させることは、いかにも片手落ちの感を免れない。換言すれば、本件のごとき少年の犯行については、社会福祉の貧困も被告人とともにその責任をわかち合わなければならないと思われるのである[31]。

ここには罪の責任をその犯罪の実行者だけに負わせるという思考そして法秩序についての、根源的な批判がある。「永山則夫事件」において裁かれるべきは永山個人の犯行だけではない。そうではなく、永山を犯行へ至らしめた原因、すなわち、殺人者・永山則夫を生んだ「劣悪な環境」に対して「早い機会に救助の手を差しのべ」るという「義務」を怠った「国家社会」、その「福祉政策の貧困」もまた裁かれるべきであり、犯された罪については「被告人とともにその責任」を分け持つべきである——これこそが、この法廷が提示した最も本質的な洞察である。

ここにおいて、私たちは『歎異抄』における親鸞の思考をふたたび参照すべく促される。弟子・唯円との問答の中で親鸞はなにを語っていたか。それは、あらゆる罪は「業縁」の所産である、という単純だが私たちの常識を根底的に問い質す批判力をそなえたテーゼであった。人は日頃、みずからの善き行ないはみずからの善き心が作り、悪しき行ないは悪しき心が作ると考えがちだ。しかし、それはたんなる観念論である。人間が社会的存在であるかぎり、その善悪も社会の関係性の中で作られる。その関係性は、各人の主観的な意図や意識のあり方を超えて、不可避的に作用する。人間存在の善悪は社会の諸関係が重層的に作用して産み出す必然であり、その力は時として人間的理性の限界を超えてしまうのだ。「さるべき業縁のもよほさば、いかなるふるまひもすべし」[32]――これが、親鸞の透徹した眼差しが見て取った人間存在の姿であった。

判決はこの眼差しを共有している。永山がみずからの犯した罪の責任を問われ、罰せられるのは当然である。だが、この事件において犯された罪の主体は、ひとり永山個人だけではない。この罪は、極端な貧困、養育義務の放棄による愛情の欠如、教育機会の喪失、社会階層における差別と疎外が重なり合い、負の力が雪崩れ込むようにして集中した結節点において発生したものであり、そうであるからには、その主体は社会的諸関係の総体であり、その適正なあり方を保障すべき国家権力でもある。したがって、責任を負い、罰せられるべきなのもまた、永山一人ではない。そうではなくそれは、永山がその中に置かれた「業縁」そのもの、つまりは、私たち自身がそれである社会の全体なのだ。

(二) 赦す力――政治的司法の彼方へ

第一審における死刑判決を破棄し無期懲役を言い渡したこの控訴審判決は、したがって、この語の最も正確な意味において理性的であったと言える。事実認定を争わず、もっぱら情状を考慮して量刑を変更したこの判決については、その当時も今日も、被告人の「心の動きにまで踏み込んだ」判決であり「人間的」な判決であるという評価[33]が一般的である（当時の報道には「感傷判決」[34]という表現すらあった)。たしかに船田裁判長によるこの判決は、いっけん永山の不幸な生い立ちへの同情を量刑に反映した判決であるかのように見える。しかし、それは皮相な捉え方である。右に確認したところから明らかなように、船田判決が根拠を置いているのは、一つの罪を発生させた社会の構造的力学への分析であり、そこから導き出された「社会福祉の貧困」が、したがって「国家社会」こそがその罪の「責任」を分有しなければならないという論理、つまりは、永山が罰せられるのであれば「国家社会」もまた同時に罰せられねばならないという論理である。死刑から無期懲役への量刑の変更は、ひとえにこの点にかかっている。すなわち、永山に死刑を宣告するのであれば、法廷は同時に「国家社会」にも死刑を宣告しなければならない。だが、一つの社会集団全体を――たとえ隠喩的にせよ――「死刑相当」と断ずることは、その社会の全制度を否定するに等しい。そのようなことは司法の論理としてはあり得ない。だから、社会の構造的関係論に根拠を置くこの判決における死刑から無期懲役への変更は論理的必然であり、その場合「死ね」から「生きて償え」へのこの変更は、償いの主体として永山と同時に「国家社会」を想定しているのだと理解すべきである。つまり、ひと言でいえば、この判決は「国家社会」にむけて今後このような罪を発生させないよう不断の（「無期」の）努力をせよ、と命ずる判決にほかならなかったのである。

だが、にもかかわらず、この判決は維持されなかった。すでに略記したように、検察が量刑不当を理由とする異例の上告をした結果、最高裁第二小法廷は控訴審の無期懲役を破棄、審理を東京高裁に差し戻す判決を言い渡したが、この判決もまた異例の形式・内容であった。このとき最高裁は、検察の上告趣旨を適法な上告理由にあたらないとしながらも、職権による調査において原判決を量刑不当とし差し戻したわけだが、過去において「量刑不当を理由とする破棄には最高裁は極めて慎重」であり、この理由による破棄事例は「刑訴法施行以来〔…〕わずか一九例に過ぎ」ず、しかもこれらの破棄事例は「ほとんどすべて破棄自判」、かつ「原判決よりも被告人に有利な内容の自判」であって「破棄差戻の事例は稀」[35]であった。そしてさらに特記すべきは、この差し戻し判決がその中で死刑選択の基準を提示したことである。のちに「永山基準」と呼ばれ、今日にいたるまで参照され続けている広く知られたその文言はつぎのとおりである――

> 死刑制度を存置する現行法制の下では、犯行の罪質、動機、態様ことに殺害の手段方法の執拗性・残虐性、結果の重大性ことに殺害された被害者の数、遺族の被害感情、社会的影響、犯人の年齢、前科、犯行後の情状等各般の情状を併せ考察したとき、その罪責が誠に重大であって、罪刑の均衡の見地からも一般予防の見地からも極刑がやむをえないと認められる場合には、死刑の選択も許されるものといわなければならない。[36]

この基準、特に列挙された九つの量刑要因が妥当であるか否かというすでに積み重ねられてきた議論にはここでは踏み込まない。私たちが問題にしたいのは、船田判決における死刑の存置は認めるが社会の構造的関係論に照らしてその適用は控えられるべきという論理から、最高裁が異例ずくめの手続きを通してあらためて「死刑の選択も許される」という論理への転回を強行したという事実それ自体である。この転回はなにを意味するか。それは言うまでもなく、死刑という司法的殺人の手段を回復すること、司法の権能として死刑を再定位すること、すなわち国家主権に殺人の権利をふたたび与えることにほかならない。換言するなら、この判決は死へのその権利を是認することによる主権の権能の再‐定立の宣言だったのである。最高裁の判決「理由」の中には記されていないが、検察官の「上告趣意」の中では、船田判決が「死刑の威嚇によつて一般予防をなし、死刑の執行によつて特殊な社会悪の根元を絶ち、これをもつて社会を防衛せんとすること」に「死刑制度存続の必要性と合憲性を認めた」最高裁判所大法廷判決（一九四八年三月一二日）に「実質的に抵触する判断」[37]であるという趣旨の批判が繰り返されており、また、同判決が「死刑規定の存続適用を実質的に否定するような死刑の選択についての独自の限定基準を設」けたもの、「法定刑としての死刑は存置しながら、死刑規定の適用を事実上不能にするような思考方法に根ざす」ものであって、「運用面での死刑廃止論に等しいもの」[38]であることを糾弾するくだりが読まれる。この上告を受けて原判決を破棄しつつ新たに死刑選択の基準を打ち出したこの審級の目的が、したがって、死刑の再定位による主権権力の強化にあったことは明白である。

事実、この差し戻し判決以後、事態は永山被告の予定された死へむけて一直線に進んでいく。東京高裁における再審理は、船田判決が挙げた情状をすべて追認しながらも（「被告人の幼少期の生活環境、成育歴には深く同情すべきものがあり」――「犯罪時少年であった者の処遇については少年法の精神を体し慎重に検討すべきことなどと併せて、被告人の量刑にあたって十分に考慮すべきである」――「被告人が本件を契機として勉学に強い意欲を示し自己の文芸作品を世に発表するなどの活動を展開している事情は、それなりに量刑上評価されてしかるべきものと考える」――「特異な表現ではあるけれども被告人なりに被害者らの殺害を反省しているように見受けられる」――「原判決後は右当時に比べその態度が改善されたものとみることができ、このことは消極的ながら、情状として評価できないでもない[39]」)、ただ結論部分においてのみ、「結局被告人に対し、死刑をもって処断することとした原判決の量刑は、重すぎて不当であるとはいえない[40]」と一八〇度逆の判断を下して控訴棄却＝死刑判決を言い渡す。そして永山にとって最後の審理の場であった最高裁第三小法廷もまた、永山による上告を「適法な上告理由に当たらない」とし、また「原判決の死刑の科刑は、当裁判所もこれを肯認せざるをえない」として刑事訴訟法四一一条(【破棄の判決】)を適用すべきものとは認められないと述べて棄却、これによって永山の死刑が確定する(一九九〇年四月一七日)。そして、永山はその後も死刑囚として東京拘置所内に収監されながらも旺盛な執筆活動を続けるが、一九九七年八月一日、ついに死刑が執行される。逮捕から二十八年の時間が経っていた。

すでに膨大な言葉が費やされてきたこの事例について、今日私たちは、法然‐親鸞による一切衆生の救済の教えを、その赦しの思考を実践しようとする私たちは、いったいなにを語るべきか。疑問に付すべき核心は「量刑」という概念そのものである。先にカントにおける「同害刑罰」論にそくして見たように、殺人という罪に対して死刑という罰を加えるとき、人はそこに「相当性」＝「等価性」があると判断しており、したがってそこには「罪」と「罰」とを共約可能にすると想定された尺度による計算がはたらいている。だが、この計算ははたして合理的か。この計算ははたして合理的かつ正当なものであり、裁きの根拠たり得る公平性を持っているか。答えはむろん否である。事を懲役刑にかぎるならば、なるほどそこには罪の種類に対応した罰の種類があり、前者を後者に翻訳する際の共通の尺度として「時間」を用いることが許容されもするだろう。「時間」を共通の尺度として形成される刑罰の段階的傾斜――この論理がなければ、およそ刑法という法秩序そのものが構築不可能となるだろう。それはたしかなことだ。しかし、死刑の場合はどうか。殺人という罪を死刑という罰に翻訳するとき、そこには「時間」という共約可能性の尺度はない。そこではすでに人は、罪を罰に翻訳する際の根拠としてきた尺度を手放している。死刑を選択すること、犯罪者に死を与えることは、共約可能性の論理を離れて、ある超越論的場面へと無根拠な決断によって移行することであり、そこにはすでに計算はない。この無根拠な決断が可能になるのはただ、あらゆる合理的な計算を意図的に失効させるかぎりにおいてのみであり、したがって、死刑を容認することは非合理的な例外性の存在を法秩序のうちに容認することにほかならない。合理的たるべき法体系への非合理的例外の書き込み――これが死刑という刑罰の本質である。

だから、死刑を存置することは、その論理やその要請がどのような理性の外見をまとっていようとも、実のところ、無根拠な決断主義（カール・シュミット）を肯定することであり、それは法の思考ではまったくなく、その本質において政治の思考なのである。「永山基準」とは、司法がその純粋な法理から導き出した普遍性を持つ基準ではなく、そのような実体がそれとして露出するのを隠蔽しつつ差し出された、まさに政治的な言説以外のものではない。「一般予防、社会防衛の観点から重視されるべき客観的量刑事情」[41]と言い、さらには「現実論として死刑の存続を是認するのが大多数の国民の法感覚」[42]だと言うとき、船田判決を不服として異例の上告を行なった検察官が露わにしているのもまた、死刑の存置をとおして司法に例外的決断をする権利を残し、したがって国家主権に殺人の権能を維持させようとする政治にほかならないのである。

死刑において露呈する政治による司法のこのような汚染――ベンヤミンが「法における何か腐ったもの」と呼んだのは、この場面のことであるだろう。ベンヤミンは書いている――「じじつ死刑の意味は、違法を罰することではなく、新たな法を確定することなのだ。というのも、生死を左右する暴力を振るえば、ほかのどんな法を執行するよりも以上に、法そのものは強化されるのだから」[43]。違法の処罰という目的を超えて、その目的の外で、法を強化し、したがって主権の権能を再確認し、執行のたびにそのつど新たに主権の定立を強固なものにする暴力としての死刑……。

だが、そうだとすれば、すなわち死刑が政治の思考以外のものではあり得ないとすれば、私たちはなにを選択すべきか。犯罪とそれを前にした法秩序のあり方を政治による汚染から守り、その彼方で罪に向き合うために、私たちにはなにが可能なのか。

赦しを――それも、あらゆる「計算」外の、罪と罰のいかなる共約可能性の幻想も超えた、留保なき絶対的な赦しの地平を構築すること。法然‐親鸞の説く称名念仏の効果としての「滅罪」の現代的意義は、まさにそのような赦しの思考へと私たちを促す点にある。法然が阿弥陀仏の救済力を表現してつぎのように書くとき、そこには罪を計量化せず、比較考量しない赦しの概念があったことを想起しよう――「念仏三昧は重罪なお滅す、いかにいわんや、軽罪をや。余行はしからず。或いは軽を滅して、重を滅せざるあり。或いは一を消して、二を消さざるあり。念仏はしからず、軽重兼ね滅す、一切遍く治す[44]」――「下品下生はこれ五逆重罪の人なり。しかもよく逆罪を除滅すること、余行の堪えざるところなり。ただ念仏の力のみあって、よく重罪を滅するに堪えたり。故に極悪最下の人のために、極善最上の法を説くところなり」[45]。「重罪」も「軽罪」も等しく「滅」し「一切遍く治す」というこの「念仏」とは、中世日本における宗教的行ないに限定されない一つの精神性とその実践の名である。つねにすでに社会の構造的関係性の中に置かれその力によって突き動かされるほかない人間は、誰もが罪を犯す可能性がある。誰かが犯罪者となり誰かが犯罪者とならないのはすべて「業縁」の所産であり、究極的には偶然でしかない。そのことを知り尽くした法然は、罪を一般的尺度に照らしてその軽重を計ることをしない。法然の眼差しからすれば、「業縁」の所産である罪は、それを生んだ社会関係へとその一つひとつが投げ返され、その特異性＝単独性において解釈されるべきものである。そして罪がその特異性＝単独性において理解されるとき、たとえ「軽罪」「重罪」の差異があったとしても、それらは「兼ね滅」せられるべきものとなり、その主体＝犯罪者は「一切遍く治す」べき存在として把握されなおされるだろう。「念仏の力」とはそのような能動的解釈の力、社会と人間の治癒を意志する力にほかならず、その力が「衆生」に、つまりは社会に生きる者すべてに分かち持たれるとき、すべての罪そして罪人に「大慈悲」を与えることができることとなるだろう。「極悪最下の人」のための「極善最上の法」とは、そのような赦しの倫理であり、赦しの「法」であるのだ。

これはなんら非現実的な夢想ではない。この「法」を現存の法秩序の中に、法体系の中に刻みつけ、作動させることができれば、私たちは普遍的な赦しの地平へと近づくことが可能となるはずだ。その地平が構築されたとき、司法に例外的決断主義を容認し、国家主権に殺人への権利を是認する政治の産物以外のものではない死刑という制度は、「衆生」の名＝人民の名において抑制され、解体されるだろう。称名念仏の力をとおして、私たちはその日の到来を加速しなければならない。

註

（1）「基本的法制度に関する世論調査」内閣府大臣官房政府広報室。つぎのＵＲＬに拠る：https://survey.gov-online.go.jp/h26/h26-houseido/index.html
（2）『聖書 新共同訳』日本聖書協会、一九八七／一九八八年。以下の各引用はこの版本に拠る。
（3）イマヌエル・カント『人倫の形而上学』吉澤傳三郎・尾田幸雄訳、「カント全集」第十一巻、理想社、一九九三年、二〇四頁。強調原文。
（4）同書、二〇四頁。
（5）同書、二〇三頁。強調原文。
（6）同右。
（7）フリードリッヒ・ニーチェ『善悪の彼岸 道徳の系譜』信田正三訳、「ニーチェ全集11」、ちくま学芸文庫、一九九三年、四三五頁。
（8）同書、四三一‐四三二頁。強調原文。
（9）同書、四三四頁。強調原文。
（10）堀川惠子『死刑の基準――「永山裁判」が遺したもの』講談社文庫、二〇一六年、一〇三頁。
（11）永山則夫『無知の涙 増補新版』河出文庫、二〇一六年、二七九頁。
（12）同書、三六九‐三七〇頁。
（13）同書、四〇〇‐四〇一頁。
（14）同書、五〇九頁。

(15) 堀川惠子、前掲書、一七〇頁。
(16) 同書、二三九頁。
(17) 同書、二四六－二四七頁。
(18) TKC法律情報データベース「LEX／DBインターネット」、【文献番号】24005888。
(19) 同文献、一五頁（以下、同様にWeb上のページ数を記す）。
(20) 同右。
(21) 同文献、一七頁。強調引用者。
(22) 稲田輝明「時の判例 一、死刑選択の許される基準 二、無期懲役を言い渡した控訴審判決が検察官の上告により量刑不当として破棄された事例」、『ジュリスト』一九八四年一月一－一五日（八〇五）号、有斐閣、一三四頁。
(23) 墨谷葵「死刑選択の許される基準」、『ジュリスト』臨時増刊一九八四年六月一〇日（八一五）号、有斐閣、一五二頁。
(24) 稲田輝明、前掲書、一三五頁。
(25) TKC法律情報データベース「LEX／DBインターネット」、【文献番号】24005888。一七頁。強調引用者。
(26) 同右。強調引用者。
(27) 同右。強調引用者。
(28) 同右。
(29) 同右。ただし、被害者四人の名はアルファベットにより略記。
(30) 同文献、一八頁。
(31) 同文献、一七頁。強調引用者。
(32)『浄土真宗聖典――註釈版 第二版――』浄土真宗本願寺派総合研究所編、本願寺出版社、二〇一三年、八四四頁。
(33) 大谷実・宮沢浩一「対談 永山事件最高裁判決と死刑制度」、『法学セミナー』一九八三年一〇月（三四五）号、日本評論社、一七頁。宮沢の発言。
(34) 堀川惠子、前掲書、二七二頁。

(35)稲田輝明、前掲書、一三五頁。
(36)TKC法律情報データベース「LEX/DBインターネット」、【文献番号】24005886。一頁。強調引用者。
(37)同文献、三頁。
(38)同右。
(39)TKC法律情報データベース「LEX/DBインターネット」、【文献番号】27917167。三頁。
(40)同右。
(41)TKC法律情報データベース「LEX/DBインターネット」、【文献番号】24005886。三頁。
(42)同文献、一二頁。
(43)ヴァルター・ベンヤミン「暴力批判論」、『暴力批判論 他十篇』野村修編訳、岩波文庫、一九九四年所収、四三頁。強調引用者。
(44)大橋俊雄『法然全集』第二巻、春秋社、一九八九年、二六九‐二七〇頁。
(45)同書、二六六頁。

第Ⅲ部　「ほどこし」という行為

第一章　一遍の実践――捨てること、与えること

(一) 名号の力――信／不信を問わず

日本浄土教史において一遍（一二三九－一二八九年）が占める位置と果たした役割を、今日私たちはどのように評価すべきか。一般的評価なら、それはすでに定まっており、不動だとさえ言える。一遍は十歳にして天台宗で出家したのち、法然の孫弟子である聖達のもとで浄土宗西山義の教えを十年以上学び、いったんは還俗するも、三十二歳でふたたび出家、伊予の窪寺に設けた閑室に信濃・善光寺へ参詣した折に書き写してきた二河白道の図を掛け、称名の行に三年間没入するうちに「十劫正覚衆生界　一念往生弥陀国　十一不二証無生　国界平等坐大会」（とりわけ第三句＝「十劫の昔の阿弥陀の成仏と現在の衆生の一念往生とは同じものであり生死を超えた真実を証している」）という偈文を感得する。これを機に一遍は遊行《ゆぎょう》を開始するが、さらに三十六歳のときに参籠した熊野神社で阿弥陀仏の垂迹身たる熊野権現の口伝を受け、これ以後、「南無阿弥陀仏　決定往生　六十万人」と記した札を配りながら念仏をあらゆる社会階層の人々に勧める旅、すなわち「賦算《ふさん》」の行を続けることになる。しだいに数を増す同行者とともに諸国を経めぐりつつ、一遍はあるとき空也上人に倣った独自の「踊り念仏」を考案し、その集団的パフォーマンスの力がいっそう広い信者を獲

得してゆく。時衆と呼ばれるその信仰集団は、十五年半に及んだ遊行の最後には延べ二十五万人[1]以上に達したと言われる。念仏以外のすべてを削ぎ落したその凝縮力、そして大衆へのその浸透力において一遍の教えは際立っており、そのイメージは鮮明である。

誰の目にも等しく映るであろうこの一遍の教えは、しかし、見かけほど単純ではない。投げ出されたテーゼの純粋な強度は、その背後に高度な思考の襞を隠しており、それは今なお新たな解釈へと私たちを誘っている。だが、それはどのような意味＝方向性においてか。

なによりもまず――これは前提となる論点だが――、救済の無条件化の問いがある。法然・親鸞が向き合ったのと同じように、一遍もまたその教理の基礎においてこの問いに向き合っている。すでに見てきたように、法然は究極の易行たる称名念仏による往生にもなお付すべき条件として「至誠心」「深心」「廻向発願心」の「三心」を挙げ、かつ、最終的にはその「三心」も「念仏ヲダニモ申セバ、三心ハ具足スルナリ」と言うことでその条件性を消去した。他方、親鸞は「三心」が衆生みずからがそなえねばならない条件ではなく、「如来」が衆生に「廻施」するものだと言うことで同じく称名念仏による救済を無条件化した。法然を、そして親鸞を貫いていたのは、凡夫たる衆生のどんな「はからい」をも前提とせず必要としない阿弥陀仏の救済力の絶対性を頼む「他力」への受動的意志であった。一遍の場合はどうか。それは「三心」とはすなわち南無阿弥陀仏の「名号」であるという定式として言語化されている――

又云、至誠心は、自力我執の心を捨て、弥陀に帰するを真実の体《たい》とす。其ゆゑは、「貪《とん》・

瞋《じん》・邪《じゃ》・偽《ぎ》・奸《かん》・詐《そ》、百端《ひゃくたん》」と釈するは、衆生の意地を嫌ひ捨《すつ》る也。所以《このゆえ》に、三毒は三業《さんごう》の中には、意地具足の煩悩也。深心は自身現世罪悪生死凡夫と釈して、煩悩具足の身とおもひしりて、本願に帰するを体とす。本願といふは名号なり。しかれば、至誠・深心の二心は、衆生の身心の二を捨て、他力の名号に帰する姿なり。廻向といふは自力我執の時の諸善と、名号所具の善と一味《いちみ》するとき、能帰所帰一体となりて、南無阿弥陀仏とあらはるゝなり。此うへは、上の三心は即施《そくせ》即廃《そくはい》して、独一《どくいち》の南無阿弥陀仏なり。しかれば、三心といふは身命《しんみょう》を捨て、念仏中より外には別の子細なし。其身命を捨たる姿は、南無阿弥陀仏是なり。[2]

善導がその『観経疏』において解釈して言ったのは、衆生の心は「貪り・瞋り・邪心・偽り・奸心・詐き、等々」に満ちているということであり、嫌い捨てられるべきものだということである。「至誠心」とは、そのような「自力我執の心」を捨てて阿弥陀仏に帰依することをその真実のあり方とする。また善導はこの身が現世にあって罪悪生死を繰り返す凡夫であると解釈したが、「深心」とは、みずからがそのような「煩悩具足の身」であると思い知って本願に帰依することをそのあり方とする。本願とは名号である。であるならば、至誠心・深心の二つの心は、衆生が身と心の二つを捨てて他力の名号に帰依する姿にほかならない。「廻向発願心」はと言えば、「自力我執」のままで修したさまざまな善と「名号」がそなえている善とが一つになるとき、帰依する者と帰依される者が一体となって、南無阿弥陀仏として現れることである。だから、「三心」は起こすや否や廃せられ、ただ一つの南無阿弥陀仏であることになる。だとすれば、「三心」というものには、身命を捨てて念仏を称する以外に特別の細かな定義はない。その身命を捨てた姿こそが南無阿弥陀仏なのである――一遍はそう言っている。

驚くべき凝集だ。一遍は端的に「三心といふは名号なり」、「称名するほかに三心はなきものなり」[3] と断言してもいる。ここにあるのは、非‐論理と紙一重の論理、論理構成に先んずるような圧倒的速度で走っていく思考である。だが、この速度は、一遍における「他力」の留保なき受けとめがもたらしたものであり、それは必然である。実際、一遍の思考をそれとして輪郭づけているのは、「他力」の論理を極限まで徹底化し全般化する身ぶりである――

> 世の人おもへらく、「自力他力を分別して、我体をあらせて、われ他力にすがりて往生すべし」と云々。此義《このぎ》しからず。自力他力は初門《しよもん》の事なり。自他の位を打捨て、唯一念仏になるを他力といふなり。[4]

若《もし》、彼人《かのひと》の義は仏智に相かなひ、此人《このひと》の義は仏智を背《そむく》ならば、彼流《かのりゆう》を信ぜん人は皆往生し、此流《このりゆう》を信ぜん人は往生すべからず。然に、諸方の道俗を見聞するに、往生の得否は彼此《ひし》の流義によらず、本願の名号を二心なく、わが決定往生の行とおもひ取て、申と申さゞるにあり。自力・他力、三心の具《ぐ》不具は学生《がくしよう》の異義なれば、何《いづ》れを正義とし、何れを邪義と判ずべからず。

〔…〕

仍《よつ》て、身のよしあしをえらばず、心のすみすまざるを論ぜず、唯南無阿弥陀仏と唱《となえ》て、取捨の分別なければ、彼証者の修行に同して往生を遂《とぐ》るなり。このゆゑに、いかなる心は相応《そうおう》すべし、いかなる心は相応すべからずとおもふ心は、不思議の本願に相違する故に、露ばかりも心《しん》品《ぼん》のさばくりせん程は、他力に帰したりとおもふべからず、と云(5)。

読まれるように、ここで一遍は、一般にありがちな「自力／他力」を相対的な区別として認識する思考を批判的に解体している。人はしばしば自力と他力を識別したうえで「他力にすがって往生しよう」と考えるが、それは初歩的な誤りであり、「自他の位」を「打捨」てただ念仏一つになりきることこそが「他力」なのである。この立場からすれば、ある人の教義が往生を可能にし、別の人の教義は可能にしないということはあり得ない。自力と他力を区別したり、三心をそなえているか否かを問うことは学僧から見た教義の違いに過ぎず、どちらかが正しくどちらかが誤っているわけでもない。どんな心が往生にふさわしくどんな心がふさわしくないかなどと思うのは阿弥陀仏の「不思議の本願」に背くことになる。わずかでも心で思量しているうちは他力に帰依していると思ってはならないのだ、と。

「心品」の「さばくりせん」とするいかなる余地も残さないこと――これが一遍による「他力」概念の根幹である。そしてこのような「他力」の絶対性から、一遍に固有のいくつかの教えが帰結してくる。

第一に、「能帰所帰一体」を繰り返し語る一遍がいる。衆生が「他力」に絶対的に帰依し、いかなる思量もなしにただ「他力」に任せて称名念仏するとき、そこには念仏の主体はない。衆生は阿弥陀仏に呼びかけるという能動的行為の主体ではすでにない。そうではなく、その名を称えることで阿弥陀仏への帰依を遂行的に宣言しつつ、衆生は主体としての存在を無限の包摂者である阿弥陀仏のうちに解消する。そしてそのとき、帰依される者たる阿弥陀仏もまた超越的存在であるかに思われたその輪郭を衆生の称名という行為のうちに消し去る。帰依する者と帰依される者が称名という媒質において合一するのだ——

又云、南無とは十方衆生の機、阿弥陀とは法なり、仏とは能覚の人《にん》なり。六字をしばらく機・法・覚の三字に開《かい》して、終《つい》に三重が一体となるなり。然《しかれ》ば、名号の外に能帰の衆生もなく、所帰の法もなく、能覚の人もなきなり。是則《これすなわち》、自力他力を絶し、機法を絶する所を、南無阿弥陀仏といへり。(6)

然に、能帰といふは、南無なり、十方衆生なり。是則命濁中夭《みょうじょくちゅうよう》の命なり。然を、常住不滅の無量寿に帰しぬれば、我執の迷情《めいじょう》を削《けづり》て、能帰所帰一体にして、生死本無《ほんむ》なるすがたを、六字の南無阿弥陀仏と成せり。(7)

「自身現是罪悪生死の凡夫《じしんはげんにこれざいあくしょうじのぼんぶにて》、曠劫已来常没常流転《こうごうよりこのかたつねにもっしつねにるてんして》、無《なし》レ有《あること》二出離之《しゅつりの》縁《えん》一」と信じて、他力に帰するとき、種々の生死は留《とどま》るなり。いづれの教も、此位に入て生死を解脱するなり。今の名号は能所一体の法なり。(8)

　又云、念々不捨者といふは、南無阿弥陀仏の功能《くのう》なり。人の義には或は機に付《つく》といひ、或は法に付共云《つくともいい》、何れも偏《へん》なり。機も法も名号の功能と知ぬれば、機に付といふもたがはず、法に付といふもたがはず。其謂《そのいは》は南無阿弥陀仏は機法不二の法なれば、名号の外に能帰もなく、所帰もなき故なり。(9)

「能所の絶する位に生死はやむなり(10)」と言われているように、一遍にとって称名というただ一つの行為、名というただ一つの場において衆生と阿弥陀仏とが溶け合う瞬間こそが、罪悪生死の凡夫が救われるときであったのである。

　そこからただちに、第二の理念が導かれる。南無阿弥陀仏の六字の「名号」が、そこにおいて「自力他力」が「絶」せられ「機法」が「絶」せられる境位であり、「能所一体の法」であるとすれば、そこでは誰あるいはなにが発話していることになるのか。そして誰あるいはなにが称名念仏において往生を遂げることになるのか。一遍の答えはこうだ――

　我執をすて南無阿弥陀仏と独一なるを、一心不乱といふなり。されば、念々の称名は、念仏が念仏を申なり。(11)

又云、念仏の下地を造る事なかれ。惣じて、行ずる風情も往生せず、声の風情も往生せず、

身の振舞も往生せず、心の持様も往生せず。南無阿弥陀仏が往生するなり。全く風情無也。(12)

「一心不乱」という境位が出現するとき、そこに立ち昇る称名は、衆生をその主体と見なすことすらもはや無意味となる。称名念仏という行為が「一心不乱」に遂行されるとき、そこにあるのは出来事としての称名だけであり、その出来事は誰の人称にもけっして回収され得ない。「念仏が念仏を申」すとは、そのような非人称的遂行性の出来を指している。そして、一遍が打ち出す念仏の理念がそのようなものであるならば、その「往生」の行にいかなる条件づけも無用であることは言うまでもない。行ずる仕方や声の性質、立ち居振る舞いや心がけの善し悪しなど「下地」への配慮は一切不要であり、そのような配慮は障害ですらある。ただ南無阿弥陀仏という無条件的救済そのものの名だけが「往生」するのであり、そこにはどんな残余の意味もないのだ。

ラディカルと呼ぶほかないこの念仏の定位から、第三の――さしあたり最後の――枢要な教理が生まれる。それは、往生のために信／不信をまったく問わないという究極の条件解除である――

又云、決定往生《けつじようおうじよう》の信たゝずとて、人毎《ひとごと》になげくは、いはれなき事なり。凡夫の心には決定なし。決定は名号なり。しかれば、決定往生の信たゝず共、口に任せて称名せば往生すべきなり。所以《このゆえ》に、往生は心品によらず、名号によりて往生するなり。決定の信心たつて後往生すべしといへば、なほ心品にかへるなり。我心を打捨て一向に名号によりて往生すと心得れば、やがて決定の心はおこるなり。是を決定の信たつといふなり。(13)

「往生」の前提ないし条件としての「信」の問いは、法然・親鸞においても問われ、問い直され、幾重もの省察の主題となってきた。両者がともに事実上、最終的に「往生」を無条件化したことはすでに見てきたとおりだが、そこにはそれぞれ理路の差異があり、焦点の移動がある。『選択本願念仏集』の法然にとっては「もし衆生あって、かの国に生ぜんと願う者は、三種の心を発して、即便《すなわ》ち往生しなん」[14]と言われていたように、「至誠心」「深心」「廻向発願心」の「三心」をそなえるべきことが条件であった。とりわけここでのわれわれの文脈において重要なのは「深心」である。「深心と言うは即ちこれ深信の心なり」[15]と述べてこれが「信」に関わる心であることを明確化したあとで、法然はこれに「二種あり」と言う——

また二種あり。一は決定して深く、自身は現にこれ罪悪生死の凡夫、曠劫より已来、常に没し常に流転して、出離の縁あることなしと信ず。二は決定して深く、かの阿弥陀仏の、四十八願をもって衆生を摂受したもうこと、疑いなく慮りなく、かの願力に乗って、定んで往生を得と信ず。[16]

ここで善導に準拠しつつ区別された「信」の内容は、一方における衆生がみずからを「罪悪生死の凡夫」であると信ずること、他方における阿弥陀仏が「四十八願」によって救い取ってくださるがゆえに必ず往生できると信ずることの二つである。すなわち、衆生がみずからの凡夫性を深く自覚すること、そして阿弥陀仏の救済力の絶対性を深く信じて疑わないこと――これが「深心」において要請されている「信」のあり方である。

この「深心」を含む「三心」について、しかし法然は別の場所で「マコトニソノ名目バカリヲウチキク」ときには仰々しく思われるかもしれないが、善導にしたがうなら、それは「ナラヒサタセザラム無智ノ人」や「サトリナカラム女人」にもそなえることができる心であり、「念仏申サム人」には「自然ニ具足シヌベキコヽロ」(17)なのだと言い、本来の「三心」の条件としての性格をかぎりなく希薄化させてもいる。とはいえ、「たゞひとすぢにわが身の善悪をかえり見ず、決定往生せんとおもひて申すを、他力の念仏といふ」(18)という言葉に集約的に現れているように、法然の念仏においては、罪悪生死の凡夫がそれでも「決定往生せんとおもひて申す」のだという、「他力」によって救われたいという最小限の、しかし切実な意志がこめられていると言える。

他方、親鸞の場合はどうか。法然が往生の条件とした「三心」も阿弥陀仏が衆生に「廻施したま」うものだと解釈することで親鸞が無条件化を別の意味で徹底したことは右に再確認したとおりだが、その際、親鸞の往生概念の独自性は、阿弥陀仏が「廻施」する「信」を衆生が確かに受け取ること、ただ阿弥陀仏の「加威力《かいりき》」「博《ひろ》く大悲《だいひ》広慧《こうえ》の力」だけが与えてくれる得がたい「真実の信楽」「浄信」(19)を得ることが必須であり、そのようにして「信」が獲得されたときがそのまま往生が決定するときだという、その論理構成にある。『教行信証』「信巻」の冒頭で「往相の廻向」について考えをめぐらせてみるとそこには『大信』があると述べ、それを「長生不死の神方」「欣浄厭穢《ごんじょうえんね》の妙術〔＝穢れた世を厭い浄土を喜び求める巧みな手段〕」「選択廻向の直心〔＝如来が選び取り与えてくださった正しい心〕」「利他深広の信楽」「金剛不壊の真心」「易《い》往《おう》無《む》人《にん》の浄信〔＝たやすく往生できるが自力では得られない清浄なる信心〕」等々であると釈したあとで、親鸞はこう続ける——

この心《しん》すなはちこれ念仏往生の願より出たり。この大願を選択本願と名づく、また本願三心の願と名づく、また至心信楽の願と名づく、また往相信心の願と名づくべきなり。しかるに常没の凡愚、流転の群生、無上妙果の成じがたきにあらず、真実の信楽まことに獲ること難し。なにをもつてのゆゑに、いまし如来の加威力によるがゆゑなり、博く大悲広慧の力によるがゆゑなり。たまたま浄信を獲ば、この心《しん》顛《てん》倒《どう》せず、この心《しん》虚《こ》偽《ぎ》ならず。(20)

生死の海に沈み、流転輪廻を繰り返す愚かな多くの人にとって、得がたいのは無上なるすぐれた果報ではなく「真実の信楽」なのであって、それは今こそ如来の恵みの力、大慈悲と広大なる智慧の力によって与えられる。思いがけず如来のはからいによってこの「浄信」が得られたとき、その心は迷わず、虚偽であることはない——親鸞にとって「信」は「獲ること」が困難なもの、まさに得がたいものだが、それはひと度獲得されれば、以後揺るぎなきものとなる。そしてそれゆえに、「信」が定まることがすなわち往生することだ、という論理が生まれることになる。親鸞におけるいわゆる「現《げん》世《しょう》正《しょう》定《じょう》聚《じゅ》」、すなわち、この世に生きてあるままで仏となることが定まった位につくという理念の形成である——

『大経』には、「願生彼国　即得往生　住不退転」とのたまへり。「願生彼国」は、かのくににうまれんとねがへとなり。「即得往生」は、信心をうればすなはち往生すといふ。すなはち往生すといふは不退転に住するをいふ。不退転に住すといふはすなはち正定聚の位に定まるとのたまふ御のりなり。(21)

法然・親鸞におけるこのような「信」の位置づけと比較してみるとき、一遍の思考の特異性が鮮明となる。法然が念仏往生の条件として「三心」を挙げたうえで、その条件性を凡夫でしかあり得ない衆生のためにかぎりなく希薄化させ、しかし、それでもなお「決定往生せんとおもひて申す」という一点を残したのに対し、また親鸞が「三心」の一つひとつを阿弥陀仏から「廻施」されるものだと再定義することで同じくその条件性を相対化し、しかし、得がたい「信」を如来から受け取ることが不可欠であり、その「信」の決定こそが往生を可能にするとしたのに対し、一遍は言い切る――「凡夫の心には決定なし。決定は名号なり」、と。

これは類例を見ない断言、称名念仏による救済からあらゆる条件性を消し去る、留保なき名号絶対主義と言うべきものである。「決定往生の信たゝず」と言ってどの人も嘆くが、それは意味のないことだ。凡夫たる衆生の心には、そもそも「決定」＝往生への確信などあるはずもない。「決定」は名号そのものなのだから、「信」が持てなくとも口の動くにまかせて称名すれば必ず往生できる。往生は心の思量によるのではない、名号の力によって往生するのだ。「決定の信心」が起こってからきっと往生できるなどと言ったら、いまだ心の思量に戻ってしまうことになる。我が心を打ち捨てひたすら名号によって往生するのだと理解すれば、ただちに「決定の心」は起きる。これを「決定の信」が立つというのだ——これが信／不信の問い、「決定の心」の問いへの一遍の答えである。

読まれるとおり、ここには先行者たる法然、そして親鸞に対する批判が、否、両者になおわずかに残る「自力」的なるものを一掃しようとする思考の速度がある。「決定往生の信たゝず共、口に任せて称名せば往生すべきなり」という一句は、法然を捕えていた「決定往生」へのかすかな意志をも無意味と断ずるものであろうし、親鸞における「信」を獲得すれば往生へと導かれるという理路は、まさに「なほ心品にかへる」態度として斥けられているだろう。事実、別の箇所で一遍は「わがよくねがひの志が切なれば往生すべし」と思いがちな人々の傾向を批判し、ただ「名号の位」だけが往生するのであり「故に他力往生といふ(22)」のだと書いているし、さらに「心は妄念なれば虚《こ》妄《もう》なり。頼むべからず(23)」と戒めている。念仏に、その「他力」の力に「心品」が関与する余地を一切認めない——これこそが一遍の思考の核心なのだ。

だが、それでは、この留保なき名号絶対主義にはどのような現実の背景があり、また、どのような現実的効果があるのだろうか。その由来と将来はいったいどのようなものであるのか。私たちはここでようやく、一遍が構築しようとしていた社会的関係の問いへと歩みを進めることができる。

（二）「賦算」という行ない——無の贈与

信／不信を問わない一遍のラディカルな教え――その端緒となった来歴上の具体的な場面はよく知られている。

一二七四〔文永一一〕年、一遍は伊予の窪寺をあとにして遊行に出てすぐに天王寺に参籠、そこで本尊・釈迦如来の禁戒を納受したことを契機として、札を配りながら念仏を勧める「賦算」を開始する。同年夏、高野山を経て熊野へ参詣した一遍は、山中で一人の僧に行き会う。いつものように念仏札を差し出しながら「一念の信心を起こして、南無阿弥陀仏と唱えて、この札をお受けなさい」と勧める一遍に対して、この僧は「今は一念の信心が起きない。にもかかわらず札を受け取れば妄語〔＝嘘いつわり〕の罪を犯すことになる」と言って拒否する。僧であるからには「仏の教えを信ずる心がおありではないのか。どうしてお受けにならないことがあるのでしょう」と続ける一遍に、僧は答えて言う――「経文や祖師の教えを疑うわけではないが、信心が起きないことはどうしようもない」、と。その場には幾人かの熊野道者が集まっており、この僧が札を受け取らなければ皆が受け取らないことになるだろうと危惧した一遍は、本意ではなかったが、「信心が起きなくても、お受けなさい」と言って僧に札を渡す。それを見た道者たちは皆、札を受け取った。この僧がその後どこへ行ったかは分からない。

この経験のあと、この出来事にはなにか深い意味があるにちがいないと考えた一遍は、念仏を勧める心構えについて神仏の思し召しを仰ぎたいと思い、本宮証誠殿の前で願を立てて祈る。すると、眼を閉じてまだまどろみもしないうちに、御殿の扉を押し開いて白髪の山伏が長頭巾《ながときん》をかぶって現れる。長床《ながとこ》には山伏三百人ほどが頭を地につけて礼敬している。一遍が「権現でいらっしゃる」と思って信じ仰いでいると、その山伏が歩み寄ってこう告げた――

融通念仏すゝむる聖、いかに念仏をばあしくすゝめらるゝぞ。御房のすゝめによりて一切衆生はじめて往生すべきにあらず。阿弥陀仏の十劫正覚に、一切衆生の往生は南無阿弥陀仏と決定するところ也。信不信をえらばず、浄不浄をきらはず、その札をくばるべし。

そして、一遍が眼を開いてあたりを見渡してみると、十二、三歳くらいの子供が百人ほども集まって来て、手を高くあげて「その念仏を受けます」と言って札を受け取り、「南無阿弥陀仏」と称えてからどこへともなく立ち去って行った……。[24]

この示現がその後の一遍の思考そして実践を決定的に方向づけたことは、まちがいない。一遍はたしかに、伊予の窪寺で「十一不二証無生」の偈を感得して以来「万事を放下して、身命を法界につくし、衆生を利益せんとおもひ[25]」続け、まさにその一心で遊行をとおして念仏勧進を実践してきた。しかし、念仏の勧めのみによる、余行を一切問わないその「他力」救済の実践にも、いまだ不徹底なところ、不純なる点があった。「山伏＝熊野権現」の諭すように、「一切衆生」は「御房＝あなた」の「すゝめ」によって「はじめて往生」するものではない。阿弥陀仏が「十劫」のはるか昔に悟りを開かれたとき、すでに「一切衆生の往生」は「南無阿弥陀仏」において「決定」しているのであり、誰がどのような意図で勧めるかはまったく問題ではない。勧める主体としての意識・判断を関与させるのは「あ〔悪〕しき振る舞いである――「山伏＝熊野権現」は、一遍のうちになお残っていたであろう勧進者としてのおごりを戒め、そのような自己意識をも捨てることを説いたのである。そして「南無阿弥陀仏」がそのような絶対的救済力をそなえているからには、信／不信を取捨すること、浄／不浄を区別することも、まったく問題にならない。受け取り手の適否もまた「他力」の絶対性を前にするとき、問いとして無効化されるのである。相手が誰であれ――信者であれ不信者であれ、僧であれ俗であれ、貴賤貧富を問わず――無条件に念仏を与えること。これが、この示現から一遍が得た教えにほかならない。

事実、これ以後、一遍はただ名号の無条件性だけを頼みとして、衆生利益のためにひた走ることになる。のちの法語に読まれる、たとえばつぎの言葉にその思考の要理ははっきりと表現されているだろう――

全く往生は義によらず、名号によるなり。たとひ法師が勧むる名号を信じたるは往生せじと心には思ふとも、念仏申さば往生すべし。いかなるえせ義を口にいふとも、心に思ふとも、名号は義によらず、心によらざる法なれば、称すれば決定往生すると信じたるなり。[26]

「義によらず」「心によらざる法」であるがゆえに「称すれば決定往生する」南無阿弥陀仏の六字の名号……。

ところで、こうした無条件性を理論的な核としつつ行なわれる一遍の布教、その念仏勧進の実践を際立たせている最大の特徴はなにか。その可能性の中心はいったいどこにあるか。無条件に念仏を与えることと言った。そう、その力と特異性は、一遍が念仏をつねに与えることとして、すなわち、つねに贈与の行ないとして考え、かつ実践した点にある。
「賦算」とは「南無阿弥陀仏　決定往生　六十万人」と記された札をくばることをとおして行なわれる称名念仏の勧めであり、社会のあらゆる階層に教えを広く浸透させるために一遍が考案した方法である。それが札の配布による一種の広報活動であることは確かである。しかし、事はそれだけか。念仏札を人々にくばり、与えるとき、そこでくばられ、与えられていたのは実のところなにか。そこでは、いったいなにが起きていたのか。

　人間の社会集団にとって人になにかを与えることと人からなにかを受け取ること、そして受け取った者が与えてくれた者に対して与え返すこと、すなわち「お返し」をすることは最も基本的な原理である。だが、この「給付」と「反対給付」は二者間でのたんなる物品のやり取りにとどまるものではない。つとにマルセル・モースがその『贈与論』において明らかにしたように、この「交換」はその関係形成作用によって社会の「全体性」に関わり、かつ、そこにこめられた力の度合いによって「交換」に還元されない「贈与」となり、それは敵対や宥和、平和と暴力、あるいは終わりのない競合といったさまざまな局面を作り出す。「わたしたちの経済組織や法体系に先だって存在してきた」アルカイックな社会においては、「財や富や生産物」が「個人と個人とが交わす取引のなかでただ単純に交換されるなどということ」は決してなかったと指摘しつつ、モースはつぎのように書いている――

第一に、お互いに義務を負い、交換をおこない、契約を交わすのは、個人ではなく集団である。契約当事者となるのは、権利義務の主体となる資格が認められた集団である。対峙し合い、対立し合うのは、クラン〔＝氏族〕や部族や家族なのだ。そうした対峙・対立が、ある場合には集団どうしが実地に相対することによってなされ、別の場合にはそれぞれの首長を仲立ちとしてなされ、さらに別の場合には、この二つの状況が同時に実現することによってなされるわけである。それに加えて第二に、これらの集団が交換するのは財や富だけではない。動産や不動産、経済的な有用性のあるものだけではないのである。交換されるのは何よりも、礼儀作法にかなったふるまいであり、饗宴であり、儀礼であり、軍務であり、女性であり、子どもであり、踊りであり、祝祭であり、祭市である。〔…〕そして最後に、これらの給付と反対給付は、贈り物やプレゼントという、どちらかと言えば自発的なかたちでおこなわれるのだが、それにもかかわらずそれは、実際のところはまったく義務によってなされている。この義務を果たしそこなえば、私的な戦争もしくは公式の戦争となったほどである。(27)

「経済的な有用性のあるもの」だけでなく、さまざまな象徴的価値が交換されることをとおして構築される「すべてのことがらが相互補完的」であるこのような体系のことを、モースは「全体的給付の体系」(28)と名づけているが、「この型の法体系と経済組織」に含まれている「さまざまなテーマ」のうち、ここでモースがとりわけ注目するのは「受け取った贈り物に対してお返しをするように強いる」「心的メカニズム」(29)である。贈り物をもらったとき、それに対してなにかを返さねばならないという義務ないし負債の感情をいだくことは、現代の私たちの日常的メンタリティにそくしてもごく普通のことと理解されるが、しかし、それは根源的には「受け取られた物に活性があるから」、「贈り手が手放してなお、それは贈り手の何ものか」であり、「その物を介して、贈り手は受益者に対して影響力をもつ[30]」からである。そしてその「影響力」は、モースによれば贈り物にはすべて、たとえばポリネシアのマオリ族なら「ハウ」と呼ぶ「物の霊」という過剰が付随していることに由来する。モースは言う――

ハウは、最初にタオンガ〔=「人・クラン・土地に強く結びつけられ」た「呪術的・宗教的・霊的な力を媒介する」物品〕の受け手となった者についてまわるし、そこからさらにタオンガが第三者に渡された場合には、その第三者にもついてまわる。だが、それにとどまらず、タオンガがただ手渡されただけで、ハウは誰彼なくついてまわるのである。結局のところ、ハウが自分の生まれた場所に帰りたがっているのだ。ハウが、森やクランの聖所に、そしてもともとの所有者のところに、帰りたがっているのである。タオンガが、もしくはタオンガのハウが〔…〕、こうした一連のタオンガの使用者に取り憑いている。取り憑くのをやめるのは、これらの使用者たちが、自分自身の財産やタオンガや所有物によって、あるいはみずからの働きや取引によって、饗宴やお祭りや贈り物をおこない、同等のもの、もしくは価値において上回るものをお返しするときである[31]。

贈り物はそれを受け取る者に「お返し」の義務を強いる。だが、それは贈られた物の物質的あるいは経済的価値ゆえにではない。そうではなく、贈り物にはその物質性ないし経済性には還元できない「ハウ」のような過剰ななにかがこめられており、その過剰が受け取り手に「取り憑く」からであり、かつ、その「取り憑」きは、受け取った者がその象徴的等価物（ないしそれを「上回るもの」）を返すことによってしか解消されないからである。

そして興味深いのは、この「給付」と「反対給付」の関係が、つねに対等性の回復によって終わるわけではないということだ。この関係はしばしば「競覇的な様相(32)」を呈するのである。たとえば、北米大陸のいくつかの部族において、部族の首長が「ただひたすら豪奢を尽くすためだけに、蓄積しておいた富を破壊するにいたる」ことがある。モースが「ポトラッチ」と呼ぶこの富の自己蕩尽の目的は、故意に「豪奢を尽くして相手に大きな貸しをつく」り、「自分と競合関係にある」首長を「凌駕(33)」することにある。そこでは「与えること、お返しをすることはもはやどうでもよく、破壊することが大事となる(34)」。首長は「自分に霊と富が憑いており、自分が霊と富に恵まれているということ」を、「自分は富によって憑依＝所有《ポセデ》され、かつ自分も富を対象物として所有＝憑依《ポセード》しているということ」をみずから「証明」することで、「他の首長たちに屈辱を味わわせ(35)」てヒエラルヒー上の優位を獲得し維持しようとするのである。すなわち、もはや「交換」の回路には回収され得ない、一方的な「贈与」の一撃……。

『贈与論』においてモースが描き出したこうしたすべてに照らして見るとき、一遍の「賦算」はどのように解釈されるか。

第一に、一遍の念仏札の配布は「給付」であるか。なるほど「南無阿弥陀仏」と書かれた札をくばって相手が受け取ることを想定する以上、それは贈り物であり、かつ、受け取った者が「南無阿弥陀仏」と称えてくれることを期待するからには、それは「お返し」をも期待する行為であるとも映る。つまり、そこには念仏札を媒介とする「給付」と「反対給付」の関係があるようにも見えるだろう。一遍自身、遊行を始めた当初は、みずからの念仏勧進をそのように考えていたかも知れない。その場合、そこにあるのは念仏の「交換」であることになるだろう。

しかし、事態をそこにはたらいている「力」に焦点化して分析するとき、いったいなにが見えてくるか。念仏札は、その物質性や経済性にその価値が限定されるものではむろんない。そこには「南無阿弥陀仏」という六字の名号が刻まれている。「帰依－無限者に」という意味作用がそこにはこめられており、したがってそこにはある過剰が、モースならば「ハウ」と呼んだでもあろう過剰、それも無限なるものへの帰依を遂行的に宣言するからには比類なき過剰が託されている。したがって、それはそれを受け取るものに「取り憑」かずにはいない。

だがそれでは――これが第二の論点だが――、念仏札を受け取った者は、それを、その「取り憑き」を除くことができるのか。受け取った者は、それと「同等のもの」あるいはそれを「価値において上回るもの」を「お返し」することによって、それが「取り憑く」のを「やめ」させることができるのか。答えは否である。それはつぎの少なくとも二重の意味においてである。

一方に、この過剰が無際限のものであるという意味がある。念仏札が運んでいるのが「南無阿弥陀仏」の名号であるということは、その札がたんに言語記号を伝達する支持体であるということにとどまらない。「南無阿弥陀仏」、すなわち「帰依－無限者に」と書かれた札が「ハウ」を帯びているとすれば、それはまさに無限への開かれを約束し促す過剰であり、そうである以上、それを受け取った者がその等価物ないしそれを上回る別の価値を計量化して返すことは、定義上不可能である。受け取った者にできるのはただ、札の促しにしたがってその無限への開かれをみずからにおいて反復することだけである。言い換えるなら、受け取った者がなにかを返すことができるとすれば、それは、与えられた無際限の過剰に対して同じ無際限の過剰を返すことだけ、すなわち、同一なるものを反復において累乗することだけであり、したがってそこで行なわれるのは「給付」と「反対給付」による「交換」ではない。そうではなくそれは「交換」の回路からつねに溢れ出る「贈与」、それも、その力が反復されることで強度を増していき、その結果、その与えることの宛先、その「取り憑き」の宛先そのものが贈与者－受贈者の二者関係を超えて多数多様化していく、そんな終わりのない「贈与」なのである。

そして他方に、贈与者たる一遍の側における「反対給付」の無効化という意味がある。「反対給付」、すなわち「お返し」が意味を持ち効力を発揮するのは、受贈者が返したものを贈与者がその価値を量りつつその意味を認知し、それを納めるときである。つまり、贈与者が受贈者から返されたものを受け取り、新たにみずからの財ないし富として所有するかぎりにおいて、「お返し」は意味を持ち、したがって贈与の「取り憑き」を消すことができる。だが、一遍は「賦算」の行ないにおいていったいどのような贈与者であるか。一遍が念仏札をくばるに際して「信不信をえらばず、浄不浄をきらはず」まったく無条件にそれを与えたことはすでに見てきたとおりである。それは、その受け取り手を選別せず限定しない、一方的な贈与であった。ところで、その一方的な贈与において差し出されていたのはなにか。むろん念仏札であり、そこに記された「南無阿弥陀仏」であるが、それは一遍が持っていたものなのか。はたして一遍は自分が所有していたもの、なにか財ないし富に比し得るものを与えたのか。なるほど、一遍も浄土教の僧として長く修行を積み、教えを深く体得した結果、「衆生の利益」のためにみずからが確信するにいたった教えを施そうとしたのであり、したがってそれが理念であり、象徴的価値の一種であったことはたしかである。だが、その象徴的価値の集約たる「南無阿弥陀仏」の六字の名号は一遍にとってなにであり、それに対して一遍はどのような関係を切り結んでいたか。そこにあったのはただ捨てること、すなわち留保なき非－所有の関係である。たとえば、つぎの言葉――

本来無一物なれば、諸事において、実有我物の思ひをなすべからず。一切を捨離すべし。(36)

所詮、罪功徳の沙汰をせずして、なまさがしき智恵を打捨て、身命ををしまず、偏に称名するより外は、余の沙汰あるべからず。身命をすつるといふは、南無阿弥陀仏が自性自然に身命を捨、三界をはなるゝすがたなり。(37)

ここに断言されているのが、念仏者のあるべき態度としての「一切を捨離」することであることは見やすい。法然・親鸞のあとを受けて「他力」の教えを徹底化したすえに、「罪功徳」をあれこれ言わず、こざかしい「智恵」を「打捨」てること、そしてそのような条件やはからいの外で「身命」を惜しむことなく「偏に称名」することだけを実行すればよい——一遍の教えの基本がここにも読まれるわけだが、ここで注意すべきは、「身命」を惜しまず「身命」を捨てるという行為の主体が二重化され、主体としての身分を解体されていることである。先に「念々の称名は、念仏が念仏を申なり」と言い、「南無阿弥陀仏が往生するなり」と言われていたのと同様に、一遍にとって「身命」を捨てるのは一遍であると同時に、「南無阿弥陀仏」という六字の名号そのものなのである。「南無阿弥陀仏」が真如法性のままに人為を離れて「身命を捨」て、欲界・色界・無色界の迷いの「三界」から脱した姿——それこそが「身命を捨」てた究極の境位なのだ。

　したがって、「南無阿弥陀仏」が象徴的価値の一種であったとしても、一遍にとってそれは所有し得るものではなかった。あらゆる事柄において「実有我物の思ひ」をなさない一遍は、たとえば法然以前の天台宗の僧侶たちがそうしたような、みずからの教学と行を「文化資本」として蓄積する振る舞いの一切を否定した。そしてそうであるからには、「賦算」の実践において「南無阿弥陀仏」の六字の名号を差し出し、与えるとき、一遍が行なっていたのは、みずからの所有に帰し得ないもの、自分が持っていないものを与えることである。それはまさしく純粋な贈与であり、無の贈与と呼ばれるべき行ないにほかならない。

　だから、この贈与を受け取る者が一遍にむけて「南無阿弥陀仏」と称えて等価物を返したとしても、それは一遍のもとに財ないし富として納められることはなく、したがって受贈者は贈与の「取り憑き」を消し去ることはできない。両者のあいだに起きているのは、ただ無限なるものの名の純粋贈与の反復だけであり、それはいかなる「交換」のエコノミーにも還元され得ないのだ。

こうして私たちは、称名念仏のあるまったく新たな効果を確認することができる。一遍の教えは、たんに衆生の精神的救済に役立つだけではない。そうではなく、それは念仏をほどこすこと、その贈与の力によって、新たな社会的関係を、新たな社会的ネットワークを創り出すことを可能にする。それは、すぐれて現実的な救いなのだ。事実、一遍はひたすらその方向へとみずからの実践を賭けた。その驚くべき場面の数々は、いったいどのようにして産み出されているのだろうか。

註

(1)『一遍聖絵』には「凡(そ)、十六年があひだ、目録にいる人数、二十五億一千七百廿四人なり」との記載があるが、「億」は「万」の誤記であると見なすのが通説であり、ここでもそれに従う(『一遍上人全集』橘俊道・梅谷繁樹訳、春秋社、二〇一二年所収、一一六頁)。他方、中世では「億」を「十万」の意味で使用していたという文献学的事実から、「賦算」の延べ人数を「二百五十万人」とする説もあるが、当時の日本の総人口が約六百万人であったことを考慮すると、この数字は現実的ではない。

(2)『播州法語集』、『一遍上人全集』前掲書所収、一五二-一五三頁。強調引用者。ルビは現代かなづかいに変更。以下同様。

(3) 同書、一四八-一四九頁。

(4) 同書、一七四-一七五頁。

(5) 同書、一九六-一九七頁。

(6) 同書、一五九-一六〇頁。強調引用者。

(7) 同書、一七四頁。強調引用者。

(8) 同書、一八一頁。強調引用者。
(9) 同書、一八四頁。強調引用者。
(10) 同書、一八二頁。
(11) 同書、一七四頁。強調引用者。
(12) 同書、一八九頁。強調引用者。
(13) 同書、一五五－一五六頁。
(14) 大橋俊雄『法然全集』第二巻、春秋社、一九八九年、二二九頁。
(15) 同書、二三二頁。強調引用者。
(16) 同右。
(17) 大橋俊雄『法然全集』第三巻、春秋社、一九八九年、二九頁。
(18) 同右。
(19)『浄土真宗聖典――註釈版 第二版――』浄土真宗本願寺派総合研究所編、本願寺出版社、二〇一三年、二一一頁。
(20) 同右。
(21) 同書、七〇三頁。強調引用者。
(22)『播州法語集』前掲書、一六七頁。
(23) 同書、一四八頁。
(24)『一遍聖絵』、『一遍上人全集』前掲書所収、一八－一九頁。
(25) 同書、八頁。
(26)『播州法語集』前掲書、一九一頁。
(27) マルセル・モース『贈与論 他二篇』森山工訳、岩波文庫、二〇一四年、六七－六八頁。強調引用者。
(28) 同書、七〇頁。強調原文。
(29) 同書、七七頁。

(30) 同書、九四頁。
(31) 同書、八九、九六-九七頁。強調引用者。
(32) 同書、七三頁。
(33) 同右。
(34) 同書、二一四頁。
(35) 同書、二三〇-二三一頁。
(36) 『播州法語集』前掲書、一九〇頁。強調引用者。
(37) 同書、一七一頁。強調引用者。

第二章　「遊行」とはなにか――「一声」から集団編成へ

（一）「捨てゝこそ」――「此性」の力

「自力他力を絶」した境位において「能帰所帰一体」にして「生死本無なるすがた」である「南無阿弥陀仏」の六字の名号を与えること、それも「信不信をえらばず、浄不浄をきらはず」、一切の条件をその受け取り手から消し去ったうえで、かつ、どんな見返りをも求めず、その応答すらもみずからの所有に決して帰すことなく、したがってどんな交換の回路をも形成することなしに、純粋な贈与として念仏を差し出すこと――それが一遍による「賦算」の実践であった。それはその徹底した無条件性において、そしてどんな「文化資本」化をも破壊し無化するその非‐エコノミー性において、万人へと波及する力をそなえていた。

　ところで、この非‐エコノミー性は、一遍における称名念仏の概念上の特性であるだけではない。それは一遍の思考と実存の総体を貫徹し牽引する特性であり、それゆえにこそ、一遍の遊行は普遍的地平へと開かれていたのである。実際、一遍はみずからの「家」、すなわちそのオイコス〔oikos〕とのあるべき関係をつぎのように語っている――

又云、念仏の機に三品《さんぼん》あり。上根《じょうこん》は、妻子を帯し家にありながら、著《ちゃく》せずして往生す。中根は、妻子をすつといへども、住所と衣食《えじき》とを帯し、著せずして往生す。下根は、万事を捨離して往生す。我等は下根の者なれば、一切をすてずば、さだめて臨終に諸事に著して、往生を損ずべきものなり。(1)

ここでも一遍は、先行者たる法然・親鸞を意識し、それとの比較においてみずからを定位しているように見える。修行する資質にすぐれた「上根」の者ならば、「妻子を帯し家にありながら」、しかしそれに執着することなく往生を遂げることができる。つとに柳宗悦も指摘するところだが、(2)これは、「非僧非俗」と自己規定して妻帯し子供をもうけつつ、しかし理論と実践の双方において往生の道を行った親鸞を指しているだろう。他方、妻帯することはなかったが寺に住み最小限の衣と食は得たうえで、しかしこれに執着せずに往生した「中根」の者を語るとき、一遍が念頭に置いているのは法然だろう。この偉大な二人の先行者に対して、「我等」は修行する力に乏しくはるかに劣った「下根」である。「下根」は、一切を捨てなければ、臨終のときに必ずや諸々に執着して往生し損なうにちがいない。だから「万事を捨離」せねばならないのだ。

さらに一遍は「捨離」することの必要性を、つぎのように表現してもいる。その語調はきわめて激しい――

又云、衣食住《えじきじゅう》の三《みつ》は三悪道《さんなくどう》なり。衣装を求めかざるは畜生道の業なり。食物《じきもつ》を貪求《とんぐ》するは餓

鬼道の業なり。住所をかまへるは地獄道の業なり。しかれば、三悪道をはなれんと欲せば、衣食住の三つを離るべきなり。(3)

読まれるとおり、一遍は、人間がそなえることを常識とする「衣食住」そのものを全否定する。「衣装」を求め身を飾ること、「食物」を貪ること、「住所」をかまえることは、一遍にとってそれ自体が「畜生道」「餓鬼道」「地獄道」の「三悪道」にほかならず、それはすべて「離るべき」ものである。

ここに言語化されているのはすでに、念仏行者の生活環境のあるべき相対的な質素さといった倫理的戒めではない。そうではなく、ここにあるのは絶対的な非‐所有への、したがって一切の経済活動＝エコノミー〔économie〕からの脱却への決然たる意志である。そして事実、一遍はみずからの生をそのような原理にしたがって営んだ。『一遍聖絵』には、たとえばつぎのような証言が記されている。遊行の旅に出て以後の一遍は――

始（め）四年は身命を山野にすて、居住を風雲にまかせて、ひとり法界をすゝめ給（ひ）き。おほよそ、済度を機縁にまかせて、徒衆を引き具（し）給（ふ）といへども、心諸縁をはなれて、身に一塵をもたくはへず、一生つひに絹綿のたぐひ、はだにふれず、金銀の具手にとる事なく、酒肉五辛をたちて、十重の戒珠を全（う）し給へり。(4)

遊行のはじめの四年は身命を山野に捨て、住処も風雲の自然にまかせて、独り念仏の教えを勧めて歩いた。およそ衆生を済度することも機縁にまかせたもので、やがて門弟たちを引き連れるようになりはしたが、心はさまざまな関係のしがらみから離れており、その身には塵一つも蓄えず、一生のあいだついに絹や綿の類いを肌に触れることも、金銀の道具を手にすることもなく、酒や肉や五種の辛味も断って、十重禁戒を守りとおした。「身に一塵をもたくはへず」――この一文に一遍の非‐所有の理念が凝縮されている。

そして、一遍におけるこの非‐所有の理念のラディカルさは、それが物質的な非‐所有だけでなく、知・想念・道徳・意志等々の一切にまで及ぶことに存する。興願僧都が念仏往生を願う心のあり方を尋ねたとき、一遍はどのように返事をしたか。「南無阿弥陀仏とまうす外」には「さらに用心もなく、此外に又示（す）べき安心《あんじん》もなし」と書いたあとに、つぎの名高いくだりが――

「むかし、空也上人へ、ある人、『念仏はいかゞ申（す）べきや』と問（ひ）ければ、『捨て、こそ』とばかりにて、なにとも仰（せ）られず」と、西行法師の選集抄に載（せ）られたり。是誠に金言なり。念仏の行者は智恵をも愚癡《ぐち》をも捨（て）、善悪の境界をもすて、貴賤高下の道理をもすて、地獄をおそるゝ心をもすて、極楽を願ふ心をもすて、又諸宗の悟をもすて、一切の事をすてゝ申（す）念仏こそ、弥陀超世の本願にはかなひ候へ。(5)

知も無知も、道徳的な善悪も、貴賤の区別も、「地獄をおそるゝ心」や「極楽を願ふ心」も、そしてさまざまな宗派の「悟」りさえも捨て、「一切の事をすて丶申（す）念仏」こそが本願に叶う念仏である——ここには非-所有という理念の究極的な現れがある。

だが、それでは一遍は、こうしてあらゆるものを捨てることで、社会の経済回路から脱落しただけか。すべてを捨てることは、たんに非-所有者という社会経済上の無力な例外者の地位、しかし僧侶のあり方としてはある意味で当然想定し得る例外者の地位を、一遍に与えただけなのか。いや、そうではない。物的-精神的な非-所有をあたう限り完全につらぬくことによって、一遍は、みずからを徹底的に縮減=還元する。そしてその結果一遍は、社会的属性の数々を離れたある存在論的な様態を獲得するにいたる。あらゆる社会的属性と経済的計算を、すなわちエコノミー一般を削ぎ落したその様態の名とは「此性《これせい》〔heccéité〕」（ドゥンス・スコトゥス）である。この概念をめぐってジル・ドゥルーズ&フェリックス・ガタリはつぎのように書いている——

> 人称や主体、事物あるいは実体の個体化とはまったく異なる一つの個体化の様態がある。われわれはこれを指して〈此性〉の名で呼ぶことにする。ある季節、ある冬、ある夏、ある時刻、ある日付は、ある事物や主体の個体性とは混同されないが、完全で何一つ欠けるところのない個体性をそなえている。そこではすべてが分子間のあるいは微粒子間の運動と静止の関係であり、触発しかつ触発される能力であるという意味において、これらは〈此性〉なのである。[6]

一つのあるいは複数の抽象線へとみずからを還元すること——その抽象線はやがて延長され

他の抽象線と結び合い、ついには無媒介的に、直接的に一つの世界を産み出すのだが、そこで生成変化するのは世界そのもの〔le monde〕であり、われわれは〈みんな〔tout le monde〕〉になる。〔…〕一つの抽象線に、一つの描線にみずからを還元し、他の描線との識別不可能性のゾーンを見出すこと、そしてそのようにして〈此性〉のうちと同時に創造者の非人称性のうちに分け入っていくこと。そのときわれわれは草のごときものだ。すなわち、われわれは世界を、〈みんな〉を一つの生成変化に作りかえたのだが、それはわれわれが一つの必然的に交感する世界を作ったからであり、事物のあいだに滑り込み、事物のただなかへ向かうことを妨げるものすべてをわれわれが自己から削ぎ落したからなのだ。(7)

ここには「此性」という限界的に縮減＝還元された存在様態のはらむ限りなく豊かな可能性が、正確に記述されている。第一に、それは主体やその人称における個体化ではない。それはたとえば「私」が社会関係から離れており、相対的に孤独な「個体」であるといったことを意味しているわけではまったくない。そうではなく、「此性」とは、「主体の個体性」がそなえているような一般性や抽象性の手前あるいは彼方にあって、それとしての特異＝単独なる力能においてのみ絶対的にあることだ。それは「事物や主体の個体性とは混同されない」「完全で何一つ欠けるところのない」個体化の様態である。

第二に、それが「触発しかつ触発される能力」そのものであるということ。他の「此性」を触発〔affecter〕し、その情動〔affect〕を伝達し、かつ、他の「此性」から触発され、その情動を受け取る、そんな動いてやまぬ力であることこそが「此性」の本質である。「われわれは〈此性〉のうちに滑り込み、その〈此性〉は透明性によって他の〈此性〉たちのうちに滑り込む[8]」と言われているように、「此性」はその触発作用によって、つねに他者たちへと相互に開かれているのである。

そしてそこから帰結するのが第三のポイント、すなわち、それが生成変化を可能にし、引き起こすということだ。人はみずからを「一つの抽象線」や「一つの描線」という「此性」にまで「還元」する。だが、そのぎりぎりに「還元」された存在様態こそが「他の抽象線」たちとの結び合いを促し、「他の描線との識別不可能性のゾーン」を創り出し、「無媒介的」に「一つの世界を産み出す」。それは生成変化する「世界そのもの」、すなわち、そこにおいては「此性」たちが「事物のあいだに滑り込み、事物のただなかへ向かい」、「必然的に交感」し合い、その結果「此性」たちすべてからなる「〈みんな〉」という集合体が出現する、そんな「世界」を産み出すのである――「きみたちは経度と緯度であり、形なき微粒子間の速さと遅さの集合であり、主体化されざる情動の集合なのだ[9]」。

ここ、すべてが交感し合い生成変化する「主体化されざる情動の集合」そのものとしての「世界」――それこそが、一切を捨て果て、みずからを「此性」に還元した一遍が可能にした念仏の世界にほかならない。「捨てゝこそ」という空也上人の言葉を解釈した先のくだりの直後には、つぎのような言葉が続いている――

かやうに打（ち）あげ打（ち）あげとなふれば、仏もなく我もなく、まして此内に兎角の道理もなし。善悪の境界皆浄土なり。外に求（む）べからず、厭（ふ）べからず。よろづ生（き）としいけるもの、山河草木、ふく風たつ浪の音までも、念仏ならずといふことなし。人ばかり超世の願に預（る）にあらず。またかくのごとく愚老の申（す）事も意得《こころえ》にくゝ候はゞ、意得にくきにまかせて愚老が申（す）事をも打（ち）捨（て）、何ともかともあてがひはからずして、本願に任（せ）て念仏したまふべし。念仏は安心して申すも、安心せずして申（す）も、他力超世の本願にたがふ事なし。弥陀の本願に（は）欠（け）たる事もなく、あまれることもなし。此外にさのみ何事をか用心して申（す）べき。たゞ愚なる者の心に立（ち）かへりて念仏したまふべし。[10]

　ここで一遍は、「能帰所帰一体」の念仏からさらにその先へ、さらに革新的な地平へと歩を進めている。声高く、さらに声高く称名するとき、そこでは仏と我の区別がなくなるだけではない。すべての生きとし生けるもの、「山河草木」、「ふく風たつ浪の音」にいたるまで念仏でないものはない世界、ただ人間だけが「超世の願」の恩恵をこうむるのではなく、世界を構成する諸要素のすべてが、「〈みんな〉」が、念仏の触発する能力によって「必然的に交感」する、そんな生成変化の世界の出来がここには告げられている。ここではすべてが「此性」としてたがいにたがいのうちに滑り込み、その情動を伝え合う。そのとき、「山河草木」も人間も、念仏というただ一つの、しかし限りなく多数多様化してゆく情動に刺し貫かれた集合となるのだ。

　この集合、この世界においてはしたがって、道徳的な善悪の区別も行者に「安心」があるか否かも、まったく意味をもたない。なに一つ「欠（け）たる事もなく、あまれることもな」い「弥陀の本願」という無際限の触発する力が貫徹している以上、この徹底した内在性の地平を生きる念仏行者に必要なのは、「たゞ愚なる者の心」に「立（ち）かへ」ることだけ、すなわち「此性」というその存在様態をつねに確認し、それを断言し肯定することだけなのである。

だが、そうだとすれば、「捨てること」を主題ないしモティーフとした一遍の歌はどうなるか。そのうちのいくつかは、解釈に変更の余地があることになるだろう。

身をすつるすつる心をすてつれば
　おもひなき世にすみぞめの袖(11)

身を捨てるという、その捨てる心さえ捨ててしまったので、なにも思い煩うことがなくなったこの世にあって（心の澄んだ）墨染衣の袖をしたこの私である――なるほどこれは、そのようなすべてを捨て、物質的な執着も精神的な葛藤もなくなった境地、現世の桎梏から解放された非‐所有の念仏行者の理想の姿を表現した歌であるだろう。その意味で「捨て聖」一遍にふさわしい代表作と言ってもよいかも知れない。そしてそれは、つぎの名高い一首にも妥当することだろう――

捨（て）てこそ見るべかりけれ世の中を

すつるも捨（て）ぬならひ有（り）とは[12]

一切を捨ててこそ初めて分かることがあるのだよ、それなのに俗世を捨てると言いながら実のところ捨て切っていない例がなんと多くあることか――ここにもまた、非‐所有を積極的に選び取ることがもたらす認識の力、捨てることによって得られる視座がいかに重要であるかを断言する一遍がいる。それはたしかなことだ。しかし、たとえばつぎの歌はどのように読まれるべきか――

あるじなきみだのみなにぞむまれける
となへすてたるあとの一声[13]

この歌は一般に「我執のない弥陀の名号の中にこそ（私は）往生するのだ、称え切った念仏の一声のうちに」という意味に理解されてきた[14]。だが、一遍における「捨てること」の本質、その非‐所有の原理が、たんなる欠如をもたらすものではなく、ぎりぎりの縮減＝還元の帰結として「此性」という存在様態へと導くことに存するもの、したがって欠如とは逆の充実と能動的多産性への通路を開くものであることを確かめてきたわれわれの目と耳には、この歌も別の音域で鳴り響いているように見え、聴こえる。「あるじなきみだのみな」とは、文字どおり、主体のない弥陀の名、それを支配ないし所有する一般性としての主体＝主を欠いた名である。それは「能帰所帰一体」となり主客の区別が消滅した境位であるという以上に、ただ「此性」のみをその行為体とする、非人称化された「識別不可能性のゾーン」そのものであるだろう。したがって、そこに「むまれける」が意味しているのもまた能動的な意志の主体たる「私」の往生ではなく、そのような場への「此性」の新たな誕生であるだろう。そして、前章で見た「念々の称名は、念仏が念仏を申なり」、そして「南無阿弥陀仏が往生するなり」という（常識からすれば異様としか形容できない）一遍の論理がここでも貫徹されているとするならば、この歌の最も簡潔な現代語訳は、つぎのようになるはずだ――「主のない弥陀の御名にこそ生まれるのだ、称え捨てた最後の一声」。ここに指し示されているのは、称え捨てられた「最後の一声」という「此性」としての称名の一撃が、主のない「弥陀の御名」、すなわちどんな人称性にも帰属しない「識別不可能性のゾーン」へと回帰し、残響し続け、たがいを二重化し、送り返し合うという出来事、すなわち、同一なるものの反復そして永劫回帰としての往生にほかならない。

往生のこの論理、必然的に時間錯誤を引き起こし、その特異な時間性のうちに場を持つこの出来事については、われわれは第Ⅳ部で詳述することになる。ここではまだその構造の外形を指摘するにとどめ、あらためて「捨てること」とそれがもたらす「此性」の問題系に焦点を絞れば、つぎの歌もまた新たな解釈を要請するものとして注目される。この一首――

おのづからあひあふときもわかれても
ひとりはおなじひとりなりけり(15)

たまたまがいに出会うときも別れるときも、一人はいつも同じ一人であるのだ――およそ誤読の余地のない、一義的な意味しか持たない歌であると見える。だが、ここまで一遍の論理を、その徹底的な縮減＝還元への意志をたどってきたわれわれにとって、なにより重要なのは、ここで「ひとり」という名詞にかけられた大きな負荷、その鋭い力である。「ひとりはおなじひとりなりけり」とはなにを言わんとするフレーズか。そこには人間存在の孤独が、たとえばこれまでの註釈者が語るように、人と出会ったり別れたりもするが「一人生まれて一人死ぬのが本来なのだ[16]」という人間の一般的条件が、詠嘆的に表現されているのだろうか。否、それはあまりに皮相な理解、一遍の思考の速度と強度を知らない通念的解釈である。「ひとり」と一遍が言うとき、それはまさしく人称性や主体性を削ぎ落された別種の個体化である「此性」としての存在様態を指しているのであり、それは類的存在としての人間の生一般を生きているのではなく、そのつど一つの出来事としてのみある「純粋な内在の生[17]」を生きているのだ。

そしてこの「此性」たる「ひとり」は、孤独へと運命づけられているわけではない。そうではなく、まったく反対にそれは他者への関係へ、それも多数多様な他の「此性」たちとの結び合いへと開かれている。たとえば、ドゥルーズ&ガタリとは異なる思考体系を背景とするジャン＝リュック・ナンシーもまた、このような「ひとり」が持つ、結びつけ、接続させる潜勢力をめぐってつぎのように書いている――

特異性〔singularité〕は個体性ではない。それは、そのつど、意味のある種の根源を他の可能な根源の数々からなる無限へと結びつけ、接続させる、そんな一つの「〜とともに」をそなえた点的様態〔ponctualité〕なのである。それはしたがって、個体‐下部的〔infra-individuelle〕ないし個体‐内部的〔intra-individuelle〕であると同時に個体‐横断的〔trans-individuelle〕なるものであり、つねにその二つが合わさったものなのである。(18)

「此性」ないし「特異性」としての「ひとり」――それはいずれにせよ、つねにすでにそれ自体が多数多様なる力なのであり、結び合いへの、集団への約束そのものであるのだ。

一遍におけるその約束は、どのようにして現実化されたか。われわれはただちにその諸相を確かめることにしよう。

(二)「踊躍念仏」の原理――来たるべき人民集団

「賦算」という独自の贈与の行ないをとおして念仏勧進しつつ遊行を続けた一遍が、もう一つの独自の方法でも布教を試みたことはよく知られている。「踊躍《ゆやく》念仏」、通称「踊り念仏」がそれだ。これは一遍が、浄土教史上の師と仰ぐ空也上人から「捨て丶こそ」という金言とともに受け継いだ衆生済度の方法論であり、その照準は言うまでもなく徹底して大衆に合わせられていた。はじめ、コア・メンバーたちが鉦《しょう》や鈸《はち》を打ち鳴らしながら、念仏や和讃を称え、体の動くままに踊り出す。すると、しだいにその輪は周囲を巻き込んで大きくなっていき、やがて集団的な興奮、集団的な熱狂状態にまで達することになる――それは、念仏の声を中心として集団を組織し、拡大させていくアクティヴィストとしての一遍の真骨頂とも言うべき実践であったわけだが、そこには現代のわれわれにとっても有益な原理が、否、現代社会でこそ武器として役立つ概念装置があった。

『一遍聖絵』「第四」に、一二七九〔弘安二〕年八月、信濃国・小田切の里で初めて一遍が躍ったときの様子が「道俗おほくあつまりて結縁あまねかりければ、次第に相続して一期の行儀と成れり[19]」と簡潔に記されているが、重要なのはむしろ、この「踊躍」が『無量寿経』中の一文およびそれについての善導の解釈を典拠とすることを説明したつぎのくだりである――

> 文の意は、身を穢国にすてゝ心を浄域にすまし、偏に本願をあふぎ、専(ら)名号をとなふれば、心王の如来自然に正覚の台に坐し、己身の聖衆踊躍して法界にあそぶ。これしかしながら、みづからの行業をからず、唯他力難思の利益、常没得度の法則なり。然(れ)ば、行者の信心を踊躍の皃《かたち》に示し、報仏の聴許を金磬の響にあらはして、長眠の衆生を驚(か)し、群迷の結縁をすゝむ。是(を)以(て)、童子の竹馬をはする、是をまなびて処々にをどり、寡婦の蕉衣をうつ、これになずらへて声々に唱(ふ)[20]。

ここでもまた断言されているのは、「心王」=心それ自体にある如来が「自然に正覚の台に坐」すこと、この身が浄土の聖衆に等しく「踊躍」して「法界にあそぶ」ことが、自力の働きによるのではなく、ただ「他力」の不思議な「利益」のみ、つねに苦海に「没」する衆生に済度を得させる「法則」のみによるということである。それゆえにこそ、念仏集団は「行者の信心」を喜びの「踊躍の皃《かたち》」に示し、弥陀仏が願いを「聴」き入れて「許」してくださったことを「金磬」＝鉦の「響」に表して、「長」い「眠」りにふける「衆生」を目覚めさせ、「迷」える人々の「結縁」を勧めるのである。

ここに法然以来の他力の教えにおける絶対平等の地平があることを、まずは確認しておこう。自力に依拠するとき人には「我執憍慢の心」が起こりがちであり、「智恵」と「行」が進めば進むほど自分ほどの行者はいないだろうと思って他人を見下すことになる。しかし、「他力称名」に帰依するなら「憍慢なく卑下」もない。なぜならば——

身心を放下《ほうげ》して無我無人《むがむにん》の法に帰しぬれば、自他彼此の人我なし。田夫野人・尼入道・愚痴・無智までも平等に往生する法なれば、他力の行といふなり。(21)

別の箇所で一遍が「名号は善悪の二機を摂する真実の法なり(22)」と鋭く言い切っているように、称名念仏とは、「機」すなわち行者の側の教えを受ける能力や資質が「善」であろうと「悪」であろうと決して見捨てることのない、無条件の救済力そのものである。そのことは、法然・親鸞の系譜上にある一遍においても変わらぬ大前提であった。絶対平等とそれによる万人救済を目指すこの思考は、たとえばつぎの和讃にも鮮明に表現されている——

かゝることわり聞（き）しより

身命財もをしからず
妄境既にふりすて丶
独（り）ある身となり果（て）ぬ
曠劫多生の間には
父母にあらざる者もなし
万の衆生を伴なひて
はやく浄土にいたるべし(23)

はるかな過去から生死を繰り返してきたからには、この世界には自分の「父母」でない者はいない。だから、「万の衆生」とともに早く浄土へ行くのだ——ここには、法然・親鸞においてもそうであったのと同じ、しかし別種の強度において他力による万人救済の理念を引き受け、現実化しようとする一遍の激しい意志がある。事実、「踊躍念仏」をとおして一遍が出会い、その同行者となったのは、文字どおり貴賤富貴の区別のない衆生であった。『一遍聖絵』によれば、一二八二〔弘安五〕年、片瀬〔鎌倉〕において「御堂」での断食・別時念仏から「往生院」での一夜を経て、一遍が「浜の地蔵堂」に移って数日を送るうち、そこには「貴賤あめのごとくに参詣し」「道俗雲のごとくに群集」したという。そしてさらに二年後、京都の「穴太寺《あのう》」へ参詣した一遍が、腹部を患って二週間その地に滞在するあいだになにが起きたか。きわめて重要な記述がある——

そのあひだ、まゐりあつまりたるものどもを見るに、異類異形にして、よのつねの人にあらず。畋猟《でんりょう》漁捕を事とし、為利殺害を業とせるともがらなり。このさまにては仏法帰依のこゝろあるべしとも見えざりけるが、おの〳〵掌をあはせてみな念仏うけたてまつりてけり。(24)

この時代には、狩猟や漁撈を営み必然的に「殺害《せつがい》」せざるを得ない人々は、それだけで「悪人」として「よのつねの人」から差別され、「異類異形」の者と形容された。それどころか、仏法に帰依する心があろうとも見えないとすら言われたことがここでも確認できるわけだが、その被差別者たちこそが、一遍にとっての「ともがら」であった。信／不信を問わない一遍からすれば『おの〳〵掌をあはせてみな念仏をうけ』てくれるかぎり、彼ら／彼女らはその「機」においてすでに充分であり、それ以上のなにも望む必要のない同志であった。実際、一遍がその遊行においてともに旅をし、随所随所でともに「踊り念仏」の熱狂の渦を作り出した集団の中に被差別者たちが数多くいたことが、『聖絵』から見て取れる。たとえば、その「第八」には「美作国」の「一宮（一宮《いちのみや》中山神社《ちゅうさん》）」に一遍が参詣した折、神社側が「けがれたるものも侍《はべ》るらむ」と言って「楼門の外」に「をどり屋」を設営して一行を迎えたこと、そして、一遍たちがいったんそこを後にしてから、夢告を受けたある「禰宜《ねぎ》」が説法を聴聞すべくあらためて一遍を招いた際にも、「非人をば門外にお」いたうえで一行を「拝殿にいれたてまつ(25)」ったことがしるされている。たとえ一遍の同行者であっても、「非人」は域内に立ち入らせない——これが、この神社が象徴する当時の社会における構造的差別の実態だったのだ。

しかし一遍は違った。知を捨て、財を捨て、信／不信の区別も「善悪の境界」も「貴賤高下の道理」も捨て去り、ただ「一切の事をすて丶申（す）念仏」[26]だけを根拠として衆生済度を成し遂げようとする一遍にとって、人間をその社会的属性によって価値評価し、比較対照し、差別するような思考こそは、まっさきに打ち倒すべき敵である。だが、この敵は強力だ。中世日本社会における身分制度にはかなりの流動性があったとはいえ、他方、「穢れ」の観念および「殺生禁断」思想の広がりとともに、葬送・清掃および家畜の死体処理や皮革業に携わる人々、癩病＝ハンセン病患者、あるいは先の記述にあった狩猟・漁撈の民、そして芸能の民（「声聞師」など）が、社会秩序の「外部」へ排除され、その排除によって社会秩序の「内部」の安定が強化されるという構造的力学がそこにはあった。法然・親鸞以前の仏教者たちが、「浄め」と「不殺生戒」の体現者として最も大きな秩序形成力を担っていたことは言うまでもない。

一遍の「踊躍念仏」が注目されるのはなによりも、それがこの社会秩序、特定の職能者たちを差別することで形成され維持される社会の象徴秩序に対する根本的な異議申し立てであり、闘いであったからだ。そこにはどのような原理があり、その効果はどのようなものであったか。

第一に、それが集団による称名と踊りの複合的実践であり、しかも最小限の取り決めしかない即興的なものであり、したがって、そこに出現するのが一種の祝祭空間であることは見やすい。それは社会の静態的で安定した構造を、声と音と身体の律動によって攪乱し、動態化する。そのパフォーマンスが最も成功した場合、念仏集団がやって来る前と通過した後では、その地域の社会的紐帯が変容し、人々がそれまでとは別のコミュニケーションの回路へと解放されることが期待されるだろう。

だが、それが一時的な祝祭空間にとどまるうちは、社会は結局、もとの静態的な安定を回復し、最悪の場合、以前よりもその秩序を強化することになりかねない。「ハレ」は「ケ」のうちに、強烈なエクスタシーは頑迷な身体の惰性態のうちに必ず回収されてしまうのである。

しかし、そのことを言ったうえで、現象のそうした外形的観察を超えて一遍の「踊躍念仏」をいっそう内在的に分析するとき、見えてくるのはあるまったく異なる可能性である。一遍の思考と実践が、一切を捨て果てることによるみずからの縮減＝還元に存するものであり、最終的に「主体」から「此性」への生成変化に帰着するものであることは、すでに確認しておいた。そしてこの「此性」という存在様態が、他者への関係への、多数多様なる他の「此性」たちへの開かれそのものであることをわれわれは指摘しておいた。このことを前提とするなら、一遍が「南無阿弥陀仏」のひと声を発することで開始されるこの運動体、「踊躍念仏」という集団編成において賭けられているのはいったいなんであるのか。「踊躍念仏」という群れ、その白熱した渦の中では、人はすでに「主体」ではないだろう。またそこにはすでに「構造」もなければ、かと言って新たな存在の「発生」があるわけでもない。そこにあるのはただ、「形式をもたない要素間」の「運動と静止」、「速さと遅さ」の関係が認められるだけであるだろう。そのような集団についてドゥルーズ＆ガタリは、つぎのように書いている――

ここにはただ、さまざまな〈此性〉や情動や主体なき個体化があるだけであり、これらが集団的アレンジメントの数々を構成する。なに一つ発展を遂げるものはない。たださまざまな事物が遅くあるいは速く到来し、その速度の組み合わせに応じてこれこれのアレンジメントを形作るのだ。なに一つ主体化を遂げるものはない。ただ主体化されざる力能や情動の組み合わせに応じて、さまざまな〈此性〉が形作られるだけだ[27]。

これは「踊躍念仏」という集団がなにからできているか、そこではなにが起きているかを明確化するくだりだ。主体という一般性から脱却して一つの「此性」へとすでに変容した一遍が発する「南無阿弥陀仏」、そのすぐれて情動的なひと声によって稼働させられる踊りの輪は、そこに参入する個体を同じく主体なき個体化へと導く。そのとき人はその主体性一般を離れてもう一つの「此性」へと、触発を受けたもう一つの情動へと変容する。そこでは「なに一つ主体化を遂げるものはない」。その代わりに、あるのはただ「主体化されざる力能や情動の組み合わせ」であり、その帰結としての別の「さまざまな〈此性〉」たちだけだ。そこに流れるさまざまな速度、そしてさまざまな強度――それこそが「踊躍念仏」という「集団的アレンジメント」の現実なのだ。

そうだとすれば、この集団における平等の概念がどのように革命的なものであるかが、ただちに理解されるだろう。この集団には、たとえば一人の聖がいる――然り、一人の農民がいる――然り、一人の商人がいる――然り、一人の狩猟者が、一人の漁師が、一人の尼が、一人の河原者がいる――然り、然り、然り、然り……。だが、彼ら／彼女らはそれぞれが「主体」としてそなえてもいるであろう一般性において、たとえばそれが保有してしかるべき社会的権利において平等であるのではない。そうではなく、この集団の中では、彼ら／彼女らはそのそれぞれの「此性」において、すなわち、相対的比較考量を可能にするようなどんな共約可能性からも離れたその存在の絶対的単独性において平等なのであり、たがいになに一つ共通のものを持たないまま、しかしその差異の数々が産み出す普遍性の地平においてたがいに平等なのである。いかなる社会的属性もその価値を無化され、裸形の声たちだけが響き合う集団編成……。

　ここには、現代の私たちが参照すべき貴重な社会学的－倫理学的基準《クライテリア》がある。私たちは今日、ある人間の価値を語るとき、しばしばその人間のさまざまな社会的属性を数えあげ、計量化し、他の社会的属性と比較し、そしてその人間が「誰」であるかをその社会的属性の総和から定義し得ると考えがちであり、そのように考えることを（たとえば初等教育の段階から）常識として刷り込まれている。だが、そのような思考と眼差しは、実のところ、ある人間が「なに」であるかを見ているだけだ。それは、ある人間が特定の社会的文脈の中で身につけることができたりできなかったりする能力や適性、そしてその結果獲得されたりされなかったりする生産物・知・文化・財・地位等々にしたがって、その人間を「評価」しているだけであり、そのような観察をいくら続けても、一つの人間存在が「誰」であるかという本質的認識には決して到達できはしない。

　人間存在が「誰」であるかをいかに見通すか。「ある人が誰であるかを言おうとする瞬間に、私たちの語彙そのものがその人がなにであるかを言うことへと私たちを誤って導いてしまう」[28]と述べたうえで、ハンナ・アーレントは人間存在の「誰」を可視化する排他的に重要な契機ないし場面としての「愛」について、つぎのように語っている――

愛は、人間の生においておよそ最も稀な出来事の一つであるとはいえ、実際、比肩するものなき自己‐明示の力と誰〔who〕の開示のための比肩するものなき視覚の明晰さをそなえている。それはまさしく、愛が、完全な非世俗の地点に達して、愛される人がいったいなに〔what〕であるかに、すなわち、その人の美質や欠点、のみならずその人の業績や失敗や罪に無関心だからである。(29)

ここでアーレントが名指している「愛」が人間相互の関係におけるそれだけでなく、キリスト教的な「愛」をも前提としていることは、さしあたり措く。重要なのは、人間存在が「誰」であるかはその諸属性＝「なに」とはまったく無関係であることが断言されているという点である。そして、アーレントが言うこの「比肩するものなき視覚の明晰さ」こそは、一遍がはるかに先んじてそなえていたものである。非‐所有への意志を貫き、みずからの知も財も地位も打ち捨て、およそ持ち得ると考えられるすべてを放下し、「一塵をもたくはへ」ぬその身から、ただ無の贈与にほかならぬ「南無阿弥陀仏」の声だけを与え続け、その声の触発し情動を伝える力だけを頼みとして「踊躍念仏」を実践した一遍――彼が作り出した集団は、それゆえに人間の社会的属性が一切問われない場、しかし、さまざまな個体性が全体の中に溶かし込まれてその輪郭を消去されることはなく、それぞれがその特異性において、その「此性」において尊重され、たがいにたがいを肯定し合う、そんな場であったはずだ。「愛」ならぬ、阿弥陀仏の「大慈悲」が可能にする「誰」であるかだけが響き合う世界。

　そしてもう一つ、あらためて強調しておかねばならないのは、この集団における平等が、それに属する存在たちの「主体」を前提とするものではない、という点である。近代的な社会学や法学は、まず諸存在がすべて主体化していることを前提として要請する。さまざまに異なる具体的な人間存在は、しかし「主体」という様態においてみずからを定位し、その様態の持つ抽象性と一般性を受け容れるかぎりにおいて、社会的人格として承認され、等しく共通の権利を付与される。みずからの存在のリアルな諸側面をいったんは捨象したうえで「主体」としての抽象的形式と一般性を分有することが、人間の諸権利の、したがって平等性の条件である。なるほどこれは不可避の手続き、誰もが受け容れざるを得ない必要条件であると映る。実際、現代社会におけるさまざまな不平等、たとえばジェンダー間の、あるいは「健常」者／「障害」者間の差異による不利益を解消するためには、誰もが等しく同じ「主体」であることを前提とせざるを得ないのかも知れない。

　だが、人間存在が主体化することは、はたしてそのようなポジティヴな効果のみをもたらすものか。否、ある存在が主体化〔subjectivation〕することは、精神分析学の理論を俟つまでもなく、社会の象徴秩序の圧力――それは時代・状況によってさまざまに変化する恣意的なものだ――のもとで、諸規範に適合可能な存在へとみずからを変容させることであり、程度の差はあれ隷属化〔assujettisse-ment〕を意味する。人間は、社会的存在となるためにはみずからの隷属化をとおしてみずからを主体化する。「主体たれ、すなわち隷属せよ」――これが近代性という原理のはらむネガティヴな本質であり、その命法である。

一遍の称名念仏、その集団編成の現場が教えてくれるのは、まさにそのような近代性の原理からの脱出の方法、その抑圧から逃れるための別種の原理である。「踊躍念仏」の集団の中では、いかなる意味でも「主体」は前提とされず目的とされない。そこには「主体化」へのいかなる圧力もなく、欲望や情動のいかなる整流化もない。自力・作善の諸宗派ならば、その修行の場において師への隷属化と同一化が、そして師が体現ないし代理表象している超越者あるいは超越的審級、いずれにせよ高位にあると想定される力への隷属化と同一化が求められ、それをとおしてみずからの心身を整え規範化することが求められるだろう。ところが、一遍が形成する念仏集団において、事はまったく逆である。そこで求められるのは、「南無阿弥陀仏」と声高らかに称えつつ欲動のおもむくままに踊り跳ねることだけであり、したがってそこで起きているのは、無限なるものの名の横溢する流れに貫かれることによって「主体」から解放されて「此性」へと還元され変容した存在たちのあいだでの、さまざまな力能と情動のランダムな連結と離散の運動であり、その総体は、あらゆる同一化の圧力を跳ね返す強度に満たされている。すなわち、イデオロギー的主体形成作用からの解放装置としての「踊躍念仏」。

こうして私たちは、浄土教史上最もラディカルなアクティヴィストたる一遍の思考と実践をたどってきた。一切を捨てつつ無限に与えること、信／不信を問わないこと、一声でありつつ多数多様体であること――これらはすべて、一切衆生とともにあることを決然と選び、実行した一遍が必然的に生み出したパラドックスである。このパラドックスは理念的なものではない。それはすぐれて現実的なものであり、解消されることなくただ延長されることを求めている――終わりなく、現在の私たち自身のもとで。

註

（1）『一遍上人全集』橘俊道・梅谷繁樹訳、春秋社、二〇一二年、一五四頁。
（2）柳宗悦『南無阿弥陀仏』岩波文庫、一九九二年、二三〇頁。
（3）『一遍上人全集』前掲書、一九四頁。
（4）同書、六三頁。
（5）同書、二二〇－二二一頁。
（6）ジル・ドゥルーズ＆フェリックス・ガタリ『千のプラトー――資本主義と分裂症（中）』宇野邦一・小沢秋広・田中敏彦・豊崎光一・宮林寛・守中高明訳、河出文庫、二〇一〇年、二〇八頁。訳文軽度に変更。強調原文。
（7）同書、二五一－二五二頁。訳文軽度に変更。強調原文。
（8）同右。
（9）同書、二一一頁。訳文軽度に変更。
（10）『一遍上人全集』前掲書、二二一－二二二頁。
（11）同書、三八－三九頁。
（12）同書、二二八頁。
（13）同書、一〇三頁。
（14）同書中のこの歌の現代語訳はつぎのとおり――「弥陀のみ名を唱えて、我執のない名号の中に生まれるのであるよ。」となえきった念仏の一声のうちに」。
（15）同書、六三頁。

（16）同右。

（17）ジル・ドゥルーズ「内在——ひとつの生……」小沢秋広訳、『ドゥルーズ・コレクションI 哲学』所収、河出文庫、二〇一五年、一六一頁。

（18）Jean-Luc Nancy, *Être singulier pluriel*, Éd. Galilée, 1996, p.109.（ジャン＝リュック・ナンシー『複数にして単数の存在』加藤恵介訳、松籟社、二〇〇五年、一六九－一七〇頁）。

（19）『一遍上人全集』前掲書、三二頁。

（20）同書、三二－三三頁。

（21）同書、一六五－一六六頁。

（22）同書、一六九頁。

（23）同書、二〇九頁。

（24）同書、四三、六七頁。

（25）同書、七一頁。

（26）同書、二二一頁。

（27）ジル・ドゥルーズ＆フェリックス・ガタリ『千のプラトー——資本主義と分裂症（中）』前掲書、二二〇－二二一頁。訳文軽度に変更。強調引用者。

（28）Hannah Arendt, *The Human Condition*, The University of Chicago Press, 1998, p. 181.（ハンナ・アレント『人間の条件』志水速雄訳、ちくま学芸文庫、一九九八年、二九四頁）。強調引用者。

（29）*Ibid.*, p. 242.（同書、三七八頁）。強調引用者。

第Ⅳ部　「往生」とはなにか

第一章　有限性の問い――源信、ハイデガー、そして法然

（一）「臨終行儀」とそのパラダイム――源信

「往生」という概念、そしてそれを実現する行としての念仏が日本社会に広く浸透したのは、平安時代中期のことであった。浄土信仰は、はじめ天台浄土教の発達とともに、一〇世紀後半から一一世紀半ばの貴族階級――当時は藤原氏の全盛期である――で流行し、ついで摂関政治から院政へと政治体制が変わり、同時にいわゆる「末法思想」が広がるにつれて――一〇五二〔永承七〕年が「末法元年」であり、当時、実際に巨大自然災害や飢饉・疫病が頻発した――深刻な社会状況に直面した庶民のあいだでも急速な広がりを見せた。現世における悲惨を前にして、浄土へ生まれて救われることを願う心性があらゆる階級で切実なものとなったのである。

仏教史上の系譜をごく簡略にたどっておけば、天台宗の中に浄土思想が定着したのは、天台宗の公的な開創者・最澄の弟子である円仁（七九四―八六四年）が九年間におよぶ研鑽ののち唐から帰国して、比叡山に常行三昧堂を建立したことを契機とする。「常行三昧」とは、天台宗の高度に体系化された修行実践法である「四種三昧」の一つであり、『般舟三昧経』（現存する最古の阿弥陀仏を説く経典）[1]に準拠して、阿弥陀仏像のまわりを口にその名を唱え、また心に念じながら九十日間

歩み続ける行を言う。ただし、円仁がこの常行三昧堂で修し始めたのは、厳密には「四種三昧」が定める「常行三昧」そのものではなく、自身が唐の五台山を巡礼した際に会得した法照《ほうしょう》の「五会《ごえ》念仏」、すなわち五種の音調からなる音楽性を特徴とする念仏＝「引声《いんぜい》念仏」であり、それはやがて「不断念仏」と呼ばれて比叡山における定例行儀となるのみならず、山外にも波及していった。唐でのその求法ゆえに高い名声を得た円仁は、第三世天台座主の地位に就き、文徳天皇・清和天皇・淳和皇太后を筆頭に多数の皇族・貴族が帰依するところとなり、その影響力は絶大であった。

天台宗における浄土信仰の展開のうえでつぎに大きな貢献をしたのが、良源（九一二―九八五年）である。その代表作『極楽浄土九品往生義』は、『観無量寿経』の説く往生の九つの位階について天台教学の立場から解釈を加えた一巻として知られるが、のちの法然以降の浄土教との対比において重要なのは、第一に「上品」「中品」「下品」のそれぞれの資質・能力を比較したうえで、特に「下品」の者がいかに救われるかを説いたくだりであり、第二にそれとの関連において『無量寿経』第十八願・第十九願・第二十願の救済力がどの点において異なっているかを釈したくだりである。

良源によれば、「下品上生」は「千劫及び五十億劫」にわたって「悪趣」に堕ち「劇苦」を受ける者だが、[2]「聞名」すなわち「十二部経の名」を聞き、かつ「称名」すなわち「阿弥陀仏の名」を「最後心」[3]＝臨終の瞬間の心で称することにより、滅罪往生できる。「下品中生」は「八十億劫」におよぶ生死の罪を運命づけられた者だが、「善知識」の教えを聞くことで同じく滅罪往生できるという。そして「下品下生」はといえば、「十重八十億劫（＝八十億劫の十乗）」のあいだ「悪趣」を輪廻するほかない者であるが、「善友」の勧めによって称える念仏によって罪が除かれ往生することができるとされる。この「下品下生」の往生を指して良源は「彼《か》の如来難思《なんじ》の力なり(4)」と言っている。

他方、『無量寿経』第十八願・第十九願・第二十願について良源はそれぞれを「聞名《もんみょう》信楽《しんぎょう》十念《じゅうねん》定生《じょうしょう》の願(5)」、「行者命終現前導生《ぎょうじゃみょうじゅうげんぜんどうしょう》の願(6)」、「聞我係念修善定生《もんがけいねんしゅぜんじょうしょう》の願(7)」と名づけ、その差異をつぎのように解釈している――

この上の三願に何の差別かあらん。釈して曰く。五逆を造り正法を誹謗する者を除いて、自余の凡夫の若し願ある者は必ず生ずることを得しむ。これ第十八願なり。彼の人の善根は深妙にあらず。故に、現前与衆の迎摂を説かず。第十九の願は彼れ菩提心を発《おこ》し諸々の功徳を修す。故に、大衆と与《とも》に囲繞せられ其の人の前に現れ接す。これを二願の差別となすなり。若し娑婆において決定の業あらば、彼の国を念ずといえども如何が忽ち往生せん。この疑を釈せんがための故に第二十の願あり。これによるが故に、我国に生ぜんと欲して果遂せずんば正覚を取らじと云えり。この意を顕して云く、若しこの界において決定業の転ずべからざる者あらば、順次に我が国土に生ずることなしといえども、順後業をして定んで生ずることを得しめん(8)。

ここで良源は、第十八願を字義通りに読み「五逆」と「誹謗正法」の者は対象外だが、「願ある者」は必ず往生すると言ったうえで、しかしそこで救いの対象と見なされている者の「善根は深妙」ではないがゆえに、阿弥陀仏が聖衆とともに現前する「迎摂」＝来迎引接《らいごういんじょう》はいまだ説かれていないと解釈する。それに対して第十九願が想定する衆生は「菩提心を発し諸々の功徳を修す」がゆえに、阿弥陀仏は大衆とともに現れてこれを「囲繞」し摂取するのであり、ここに二つの願の区別があるのだ、と。そして第二十願はと言えば、この現世において「決定の業」があるにもかかわらず、疑いをいだく者にむけて往生を確かに誓約し、仮に「順次」、すなわち来世において往生することができなくても、「順後業」、すなわち来々世においては必ず往生させることを説いたものである――ここには、第十八願・第十九願・第二十願の三つを有機的連関において読む点で法然・親鸞の思考を準備する枠組みがあること、しかしその一方で、「発菩提心」「修諸功徳」に優先的な価値を置く点で、天台宗的な「自力・作善」の思考が明確に表れてもいることが同時に見て取れる。しかし、いずれにせよ円仁の「引声念仏」のあとを承けて「称名」という行を重視し、かつ「下品下生」を救済する「如来難思の力」を強調した良源が、天台浄土信仰における新たな一歩をしるしたことに変わりはない。

だが、この歩みを決定的なもの、後退不可能なものにしたのは源信（九四二―一〇一七年）である。九歳で比叡山に登り、良源に師事して止観業・遮那業という天台宗の正統な行業を修めつつ、わずか十五歳で『称讃浄土教』を講じて村上天皇により「法華八講」の講師に選ばれたのち、当時の論理学であり議論の方法論であった「因明《いんみょう》」研究の書『因明論疏四相違略注釈』（九七八年）を皮切りに、『阿弥陀仏白毫観法』（九八一年）、『大乗対倶舎抄』（一〇〇五年）、『一乗要決』（一〇〇六年）、『観心略要集』（一〇〇七年?）、そして『阿弥陀経略記』（一〇一四年）などの天台浄土教の思考の枠組みそのものを構築し再構築する理論書の数々を著し、中国＝宋の仏教界（天台山・国清寺）からも高く評価されるほどの普遍的な知の体現者であった源信――その教えのうちでも圧倒的な影響力を持ったのが、かの『往生要集』（九八五年）である。

天台浄土教を理論と実践の両面において体系的に記述するこの大部の著作を細部にわたってたどることはここではできない。ここではただ、われわれの議論にとって重要ないくつかの問題系を抽出するにとどめるが、その整然たる構成を見渡しておけば、上・中・下の三巻、全部で十からなる章立てはつぎのとおりだ――「巻上本」は「大文第一　厭離穢土」「大文第二　欣求浄土」、「巻上末」は「大文第三　極楽の証拠」「大文第四　正修念仏」、「巻中本」は「大文第五　助念の方法」、「巻中末」は「大文第六　別時念仏」、そして「巻下本」が「大文第七　念仏の利益」「大文大八　念仏の証拠」「大文第九　往生の諸行」、「巻下末」が「大文第十　問答料簡」である。

なによりもまず強調しておかねばならないのは、この書が「厭離穢土」と「欣求浄土」の鮮烈な対比から始まっていることである。「大文第一」において源信は「地獄」「餓鬼」「畜生」「阿修羅」「人」「天」の六道それぞれがどのような世界であるかを定義しているが、「地獄」についてのみ、これを「等活地獄」「黒縄地獄」「衆合地獄」「叫喚地獄」「大叫喚地獄」「焦熱地獄」「大焦熱地獄」「阿鼻地獄」の八つに分類して詳述している。その描写は実に生々しく具体的、凄まじくリアルな迫力に満ちており、「地獄」がおよそ人間には耐えられぬ極限的苦痛のみでできた世界であることを伝えるものである。源信によるこの説話は、まさに衝撃的な地獄絵図であり、当時の人々の想像界を決定づけ支配するに充分であった。そして、六道輪廻を繰り返し「地獄」へ墜ちるというこのリアルな恐怖から脱出する唯一の道として極楽浄土に生まれんと願い求めることがつぎの「大文第

二　欣求浄土」で説かれるわけだが、そこでの記述は一転して、浄土がいかに至福に満ちた世界であるか、その十の「楽《らく》」を列挙することに焦点化されている。

　たとえば「第一　聖衆来迎の楽」とは、「命終の時に臨んで」阿弥陀如来が「もろもろの菩薩、百千の比丘衆とともに、大光明を放ち、皓然として目前に在《ま》しま」して「引接」し「西方極楽世界に生[9]」れさせてくれることを言う。『第二　蓮華初開の楽」とは、行者が「かの国」に生まれて「蓮華」が「初めて開く時」に受ける「倍すること百千」であるような喜びを指し、そのとき行者の身はすでに「紫磨金色《しまこんじき》の体」となり「自然《じねん》の宝衣《ほうえ》」をまとっており、目に触れ耳に聴くもの一つとして霊妙でないものはなく、遥か彼方には「弥陀如来」が「金山王の如く宝蓮華の上に坐し」、観音菩薩・勢至菩薩も「宝花に坐し」て「仏の左右に侍《はべ》り」、数知れぬ「聖衆」も「恭敬して囲繞[10]」しているのが見える。「第三　身相神通《しんそうじんずう》の楽」とは、浄土に生まれた衆生が「その身真金色にして、内外《ないげ》倶《とも》に清浄」であり「五通（＝五つの神通力）を具し」「十方界の色《しき》を見んと欲せば、歩を運ばずして」見ることができ「十方界の声を聞かんと欲せば、座を起たずして」聞くことができるという「心の随《まま》に自在[11]」な働きを持つことを言う。「第四　五妙境界《きょうがい》の楽」とは、浄土においては「一切の万物」が「美を窮《きわ》め妙を極め」ており、「見る所、悉くこれ浄妙の色にして、聞く所、解脱の声ならざることな」い、そんな五感の対象がすべて美しく清らかな世界であることを言う。そして「第五　快楽《けらく》無退の楽」、「第六　引接結縁《いんじょうけちえん》の楽」、「第七　聖衆倶会《くえ》の楽」、「第八　見仏聞法の楽」、「第九　随心供仏《くぶつ》」、「第十　増進仏道の楽」――これらすべてが浄土の清浄と平穏、諸仏の功徳と救済力を語るくだりであることは言うまでもない。

ところで、この極楽浄土への往生の方法論として源信はなにを説いたか。「大文第四　正修念仏」と「大文第五　助念の方法」の二章がその中心をなす。一方の「正修念仏」について源信は、冒頭で世親の『往生論』に準拠して「五念門を修して行成就すれば、畢竟して安楽国土に生れて、かの阿弥陀仏を見たてまつることを得《う》[12]」と述べ、「礼拝」「讃歎《さんだん》」「作願《さがん》」「観察《かんざつ》」「廻向」の五門のそれぞれについて解説しているが、源信が重きを置いているのは「観察門」であり、とりわけ阿弥陀仏のいる「蓮華座」および阿弥陀仏自身の四十二の「相好《そうごう》」の一つひとつを観想する「別相観」である。前者を観想する者は「五万劫の生死の罪を滅除し、必定して、当《まさ》に極楽世界に生ずべし[13]」と言われ、後者のうち阿弥陀仏の「頂《いただき》の上の肉髻《にくけい》」を見る者は「千億劫の極重の悪業を除き却けて、三途に堕せず[14]」、また「眉間の白毫《びゃくごう》」を観ずる者は「九十六億那由他《なゆた》恒河沙《ごうがしゃ》、微塵数劫の生死の罪を除き却く[15]」と言われる。他方、「助念の方法」、つまり念仏を助ける方法について源信は七つの条項を挙げているが、その中で注目されるのは、「第二　修行の相貌」において「四修の相」と「三種の心」の必要性を説いている点である。源信による「四修」とは、「一、長時修《じょうじしゅ》」＝「初発心より乃至菩提まで、恒《つね》に浄因《じょういん》を作《な》して、終《つい》に退転なし[16]」であること、「二、慇重修《おんじゅうしゅ》」＝「極楽の仏・法・僧宝に於て、心に常に憶念して、専ら尊重を生ずる[17]」こと（すなわち「恭敬修」に同じ）、「三、無間修」＝「常に仏を念じて往生の心を作し、一切の時に於て、心に恒に想ひ巧[18]」むこと、「四、無余修」＝「専ら極楽を求めて弥陀を礼念[19]」することであり、「三心」とは、すでにわれわれが法然・親鸞とともに見てきた「至誠心」「深心」「廻向発願心」のことである。

　こうして確認されるのは、源信が「地獄」をかつて誰もしたことのない激烈なトーンで描写することにより、「穢土」を離れて「浄土」を求める心性を強化し必然化したこと、そしてその救い手として阿弥陀仏を前景化させ、かつ往生のための行を「観想念仏」に中心化したことである。だが、そのことを言ったうえで、さらに強調すべき源信の思考の特徴がある。それは、臨終という場面の特権化である。源信は往生のための行として臨終の念仏を、すなわち死に臨んでの最後の十念、さらには最後の一念を排他的に重要視した。『往生要集』「第六　別時念仏」において、源信は「第一　尋常の別行」と「第二　臨終の行儀」の二つの節を設けている。

「尋常の別行」とは、一般的ないわゆる「別時念仏」のことであり、「一・二・三日乃至七日、或は十日乃至九十日」のあいだ、期間を区切って「楽《ねがい》の随《まま》に[20]」念仏行を集中的に修すことを言う。これは長短の差はあれ、たとえば現在でも浄土宗等で実践されている行である。

それに対して「臨終の行儀」はどうか。これは『往生要集』において源信がその意義と形式を明確化することによって、天台僧のみならず、平安中期以降の貴族階級において広く執り行なわれた特有の行儀である。その形式・作法について、源信は道宣の『四分律行事鈔』を引用して仔細に書きつけている。まず、祇園精舎の西北の角、「日光の没する処に無常院を為《つく》」り、「もし病者あらば安置して中に在《お》く」。その堂の中に「一の立像を置」き「金薄《こんぱく》」をこれに塗り「面《おもて》を西方に向け」る。「その像の右手は挙げ、左手の中」には「五綵《ごさい》の幡《はた》」を「繫」いで幡の「脚は垂れて地に曳」くようにする。病者を安らかにするために「像の後に在き、左手に幡の脚を執《と》」らせて「仏に従ひて仏の浄刹に往く意《おもい》を作《な》」さしめる。看病する者は「香を焼《た》き華を散らして病者を荘厳」し、「もし尿屎《にょうし》・吐唾《とだ》」などがあれば随時これを取り除く[21]——これが基本的な環境設定である。そのうえで、源信は善導の言葉を引いて行者の心得をつぎのように説く。行者らは病んでいるか否かにかかわらず、「命終らんと欲する時」には「一《もは》ら上の念仏三昧の法に依り」て心身を正しく整え、「面を廻らして西に向け、心もまた専注して阿弥陀仏を観想」し、心と口を相応させて念仏の声を絶やすことなく、「決定して往生の想、花台《けだい》の聖衆の来りて迎接《ごうしょう》するの想を作《な》」さなければならない、と。(22)

そしてさらに源信は、この臨終の行儀を確実なものにするための「同志」による助け合いの必要性にも言及している。死の瞬間には「百苦」が集まるので、もしも念仏の習いがそれまでに身についていなければ「念ぜんと懐《おも》」ってもどうすることもできないだろう。だから、各人は三人・五人の「同志」とあらかじめ約束を結び、「命終の時に臨」んではたがいに諭し合って「弥陀の名号を称へ、極楽に生れんと願」い、声を続けて十念を成就させるべきなのである。(23)この共同性を源信は「臨終の勧念」と呼び、「善友・同行《どうぎょう》にして、その志あらん者」が「仏教に順」じ「衆生を利」するために、行者が病に侵された当初から「病の床に来問」して「勧進」すべきであることを説いている。(24)そして、この勧進の趣旨は人々の意にまかせてよいとしつつ、源信は「自身の為」にその理念を結論づけておこうと言って、つぎのようにあらためて書く――

仏子、年来の間、この界の悕望《けもう》を止めて、ただ西方の業を修せり。なかんづく、本《もと》より期する所は、この臨終の十念なり。今既に病床に臥す。恐れざるべからず。すべからく目を閉ぢ、合掌して、一心に誓期《せいご》すべし。仏の相好にあらざるより、余の色《しき》を見ることなかれ。仏の法音にあらざるより、余の声を聞くことなかれ。仏の正教にあらざるより、余の事を説くことなかれ。往生の事にあらざるより、余の事を思ふことなかれ。[25]

ここには源信が臨終を、すなわち死に臨んだ最後の瞬間を、往生への契機としていかに重視したかがこのうえなく明確に表現されている。源信にとって、往生のための行は「臨終の十念」へと集約されるべきものであり、行者の心得はすべてその一瞬をしかるべく迎えるためにある。事実、源信は右に引いたくだりのあとに「一心に聴き、一心に念ず」べき「十事」＝十の注意事項を挙げているが、その最後に置かれて特に強調されているのは、この言葉だ――

仏子、知るやいなや。ただ今、即ちこれ最後の心なり。臨終の一念は百年の業に勝る。[26]

ここに示されているのは、人間存在の有限性についての源信の研ぎ澄まされた意識である。「臨終の一念」が百年にわたる善業よりも価値があるという一文によって源信が言わんとしているのは、人間が生まれ落ちたときから終わりへとむかう不可逆的な時間の流れの中にあり、その時間の有限性をまぬがれ得るものは誰ひとりいないということ、したがって人間は誰もがその死という終わりへむけて意識をつねに覚醒させているべきであるということ、そしてその不可避の死という生の途絶の瞬間をこそ、浄土への往生の契機とすべきであるということである。やや角度を変えて言えば、人間の生の意味そして価値はその終わりから、すなわち予見された臨終の瞬間から遡及的に問われるべきものであり、その問いを引き受けることこそが源信の想定する念仏行者のただ一つの責務なのだ。

人間存在の有限性のこのような意識化が源信の思考と実践を駆動させていたことは間違いない。事実、源信は『往生要集』のような著作においてその問題系を記述しただけでなく、念仏行者による緊密な集団をつくりもした。「二十五三昧衆」と呼ばれる結社がそれである。結社のマニフェストであり誓約書である『横川首楞厳院二十五三昧起請』(九八八年)はなにを告げているか。その十二箇条を列挙すれば――

一、毎月十五日の夜を以て不断念仏を修すべき事。
一、毎月十五日正中以後念仏、以前法華経を講ずべき事。
一、十五日夜、結衆の中次第に仏聖に燈明を供し奉るべき事。
一、光明真言を以て土砂を加持し、亡者の骸に置くべき事。
一、結衆は相共に永く父母兄弟の思《おもい》を成すべき事。
一、結衆発願の後は各三業を護るべき事。
一、結衆の中に病あるの時、用心を致すべき事。
一、結衆の中に病人ある時、結番して遞《たがい》に守護問訊すべき事。
一、房舎一宇を建立して往生院と号し、病者を移置くべき事。
一、兼て勝地を占ひて安養廟と名づけ、率都婆一基を建立して、将《まさ》に一結の墓所と為すべき事。
一、結衆の中、亡者ある時は、問葬念仏すべき事。

一、起請に随はず懈怠《けたい》を致す人は衆中を擯出《ひんしゅつ》すべき事。(27)

すでに注釈するまでもないだろう。「極楽往生を願うため」に「おのおのがその命の終わるときを限りとして、毎月十五日の一晩だけうちそろって不断念仏を修すること(28)」を主軸とするこの結社は、念仏行を中心とする同胞の共同体であり、その目的は、構成員が病んだときにはたがいに看病し合い、死に臨んだときには看取り、死去したときには墓所に埋葬して弔い、その往生を約束することにある。これはたんなる信仰集団ではない。そうではなく、有限な命を生きる者たちが、たがいの有限性をたがいに晒し合い、不断に確認し合いつつ、その終わりを分かち合う、そんな死に臨む存在者たちの結び合い、すなわち、ただ存在の有限性だけを不可視の絆とする結縁《けちえん》なのである(ここには、現代の私たちの社会においても有意義なものとなり得る仏教的ケアや仏教的ホスピスの原型があるとも言えるだろう)。

かくして、源信はその著『往生要集』によって、平安時代中期の人々の想像界に強く働きかけると同時に浄土信仰の広がりを加速させた。その信仰の最も名高い象徴的造形が、宇治の平等院鳳凰堂であることは周知のとおりである。のみならず、その思考は同時代人の時間意識に明確な切断と転回をもたらし、限定的な階級においてであったとはいえ、新たな共同体の形式を創出さえした。のちに親鸞が「七高僧」のうち、第七祖・法然に先んずる第六祖に挙げているゆえんである。だがそれでは、源信が決定づけたこの認識の枠組み＝パラダイムを、法然はどのように受け取り、そして解体したのか。

（二）死へとかかわる存在――ハイデガー、法然と時間の「本来性」

源信における人間存在の有限性の意識化と死に臨む態度の排他的重視――これは彼の同時代人にとって思考の刷新であっただけでなく、現代の私たちの日常的時間意識をも決定づけている、いわば中世社会以降の最広義における近代的パラダイムであると言ってよいだろう。私たちの存在が有限であること、私たちの時間が誕生から死へとむかう目的論的に整序化された不可逆的な流れであること、誰もが不死ではあり得ないこと――このことを否定することは、日常的な信憑としても科学的認識としても、宗教的信を持っているか否かにかかわらず、誰にもできはしない。だがそれでいて、その事実は、私たちの皆が真正面から受けとめて正確な解釈をし、みずからの生の理解に組み込んでいるとはかぎらない。そのことをおよそ最も高度な哲学的問題設定としたのが、マルティン・ハイデガーである。

『存在と時間』（一九二七年）が二〇世紀前半のヨーロッパにおける最大の哲学書の一つであり、今日なお私たちの思考の基礎的地平を差し出していることには異論の余地はない。私たちが生きる時間性について、この書はなにを語っているか。それは、死が誰にとっても不可避の代替不可能な最も固有の出来事、みずからの実存の単独性において引き受けるべき出来事であるということ、にもかかわらず私たちはそれを直視することを避け、「世人」の日常性のうちにその不安を解消しつつ生きているということである。この二つの態度をハイデガーは「現存在」の「本来性」とそれに対する「世人」の「頽落」という概念で区別している。ハイデガーによれば、「死」は「そのつど現存在自身が引き受けなければならない一つの存在可能性」である――

> 死は、そのつど現存在自身が引き受けなければならない一つの存在可能性なのである。死とともに現存在自身は、おのれの最も固有な存在しうることにおいて、おのれに切迫している。〔…〕死は、現存在であることの絶対的な不可能性という可能性なのである。このようにして死は、最も固有な、没交渉的な、追い越しえない可能性として露呈する。このようなものとして死は一つの際立った切迫なのである[29]。

このような死の切迫を前にするとき、現存在は「他の現存在とのすべての交渉」を「絶たれ[30]」るほかない。誰にもそれを代わって経験することのできない死は「現存在を単独の現存在として要求する」[31]のである。

ところが、人間＝現存在は、この条件を直視することを避ける傾向を根強く持つ。人は死ぬものだという一般論から、私たちは日常の惰性態の中にあって、そうは言っても死ぬのは「そのつどほかならぬこの私ではない[32]」と考え、「本質上代理不可能なものとして私のものである」死を「公共的に出来して世人に出会われる一つの事件へ」と「転倒」させてしまう。そして私たちは「死へとかかわる最も固有な存在をおのれに隠蔽する権利」をみずからに与え、その「誘惑を高める[33]」という心性に流されがちなのである。この「誘惑」、「現存在をその死から押しのけてしまうこのような安らぎ」をハイデガーは、「頽落」として概念化している――

ところで、誘惑、安らぎ、および疎外は、頽落の存在様式を特色づける。死へとかかわる日常的な存在は、頽落しつつあるものとして、死に直面したときのそこからの不断の逃避なのである。終りへとかかわる存在は、その終りを解釈し変えつつ、非本来的に了解しつつ、そして遮蔽しつつ、その終りに直面してそこから回避するという様態をもっている。[34]

日常性における人間のこの「頽落」からいかに脱却すべきか。ハイデガーによる人間存在の実存論的分析がこの点に関して指し示すのは、死をその「可能性への先駆」において了解すること、そしてそのことをとおして時間の本来性を、したがって自己の実存の真実を取り戻すことである。「死は現存在の最も固有な可能性」であり、その「際立った可能性」において現存在は「世人からあくまで引き離されて」おり、したがって「先駆しつつおのれをそのつどすでに世人から引き離しうる」[35]。「先駆」は「死へとかかわる非本来的な存在のように、追い越し不可能性を回避したりはせず、その追い越し不可能性に向かって自由におのれを解放する」[36]のである。その態度こそが「死を真とみな」すことを可能にするのだ——

死——死はおのれに固有な死としてのみそのつど存在するのだが——その死を真とみなして保持することは、世界内部的に出会われる存在者や形式的な諸対象に関するあらゆる確実性とは別の様式を示しており、またそうした確実性よりもいっそう根源的なのである。なぜならそれは、世界内存在を確実だとさとるからである。そのようなものとして、死を真とみなして保持することは、現存在の一つの特定の態度を要求するばかりではなく、現存在をその実存の完全な本来性において要求する。先駆においてはじめて現存在は、おのれの最も固有な存在を、おのれの追い越しえない全体性において確実だとおのれに確信させることができるのである[37]。

自己の有限性を忘却し、「世人」のうちに「頽落」した様態から、「おのれに固有な死」を先駆しつつ引き受け覚悟することによって、自己の時間を、したがって自己の存在そのものを、その固有性＝本来性において（再）獲得すること――これこそが『存在と時間』におけるハイデガーの実存論的分析の要請である。私たちの生の真実が、その時間の有限性を見据え、つねにすでに自己ひとりのものとしてそれを引き受けることのうちにこそあるということ。これは、いつの時代にあっても私たちに普遍的に妥当する存在倫理学上のテーゼであるだろう。

ところで、「死を真とみなして保持」し、その「際立った切迫」に身を晒すことを自己の生の本質的態度とすることこそは、源信が『往生要集』において説いた念仏行者の心の構えにほかならない。傑出した想像力によって「地獄」と「浄土」を描き出すことで「厭離穢土」から「欣求浄土」へという信仰の強度をこのうえなく高め、かつ、「臨終の行儀」に特権的重要性を置いた源信が、つねに人間の有限性を意識化し、「死の可能性への先駆」によって「世人」の「頽落」から「本来」的時間性へ目覚めてあることへの転換にその思考の努力のすべてを傾けていたことは明らかだ。死の彼方に「浄土」を想定するか「無」を見るかという宗教的信仰と実存的存在論の差異を別にすれば、「臨終の一念は百年の業に勝る」と言った源信と「死は現存在の最も固有な可能性である」と言ったハイデガーは、人間の時間性を死へと究極化する一点において完全に一致している。実際、源信はみずからの死の床をその「臨終行儀」にしたがって整え、阿弥陀仏像の手から引いた五色の糸をみずからの手に執り、枕元に集まった僧たちに「悪死の相」が現れていないことを確認してから静かに入滅したという。源信はまさに「死を真とみなす」ことによって「実存の完全な本来性」を追求しつつ最期を迎えたのである。

だが、この源信的＝ハイデガー的思考が人間の実存にその「本来性」を回復させるとしても、その思考は私たちすべてを解放するか。はたして人間の生の真実は死を直視することのうちのみにあるのだろうか。

この問いを引き受け直したのが、法然である。浄土信仰のパラダイムを決定的なものにした源信から多くを継承しつつ、しかし法然は、その思考の中心に介入し、これをわずかだが決定的に転位させるのである。

第一に、前提として再確認し強調しておくべきなのは、源信における天台的な「自力」による往生の思考と法然が確立した「他力」による往生の思考の根本的差異である。源信が「観想念仏」を中心に据え、行者が善業を可能なかぎり積み重ねることによってその結果として来迎引接されることを説いたのに対し、法然が説いたのは「称名念仏」のみ、それも究極的にはただひと声「南無阿弥陀仏」と称えるだけで万人が往生できると宣言した。法然の「称名念仏」は真言宗・天台宗的なさまざまな修行を条件としない。それどころか、先行諸宗の教えを「愚かなる私のはからい」であるとして積極的に捨てることによる条件性の解除こそが、法然の万人救済の方法論であったのである――

シカルニ、往生ノミチニウトキ人ノ申ヤウハ、余ノ真言・止観ノ行ニタエザル人ノ、ヤスキママノツトメニテコソ念仏ハアレト申ハ、キワメタルヒガゴトニ候。ソノユヘハ、弥陀ノ本願ニアラザル余行ヲキラヒステ、マタ釈尊ノ付属ニアラザル行オバエラビトドメ、マタ諸仏ノ証誠ニ〔ア〕ラザル行オバヤメオサメテ、イマハタヾ弥陀ノ本願ニマカセ、釈尊ノ付嘱ニヨリ、諸仏ノ証誠ニシタガヒテ、オロカナルワタクシノハカラヒヲヤメテ、コレラノユヘ、ツヨキ念仏ノ行ヲツトメテ、往生オバイノルベシト申ニテ候也(38)。

真言宗・天台宗における止観のような修行に耐えることができない人が「易きままに勤め」ることができるがゆえに念仏があるとも仏教界では言われているが、それは「往生の道に疎」い人による「極めたる僻事《ひがごと》」＝ひどく間違った考えである。念仏以外のさまざまな行を捨てるのは、それらが「弥陀の本願」ではなく「釈尊の付属の証誠」、すなわち釈尊が後世に伝えるように託した真実でもないからにほかならない。だから「愚かなる私のはからい」をやめて念仏行を勤めて往生を祈るべきなのである――これが法然の大前提である。

第二に、念仏の効果を説くとき源信が、行者はその善根功徳に応じていわば善き行ないの見返りとして往生できるのだと考えているのに対して、法然は、行者の機根や行ないの善し悪しにかかわらず阿弥陀仏の救済力は働き、かつその力の本質が「滅罪」をとおして往生を約束することにあると考えているという差異がある。たとえば、つぎのくだりにそれは顕著に表れている――

ワレラガ往生ハユメ〳〵ワガミノヨキ・アシキニハヨリ候マジ。ヒトヘニ仏ノ御チカラバカリニテ候ベキナリ。ワガチカラバカリニテハ、イカニメデタクタウトキ人ト申トモ、末法ノコノゴロ、タヾチニ浄土ニムマルヽホドノ事ハアリガタクゾ候ベキ。マタ仏ノ御チカラニテハ候ハムニ、イカニツミフカクオロカニツタナキミナリトモ、ソレニハヨリ候マジ。〔…〕カクノゴトキノモロ〳〵ノツミヲノミツクリテ、トシ月ヲユケドモ、一念モ懺悔ノコヽロナクテ、アカシクラシタルモノヽ、オハリノ時ニ善知識ノスヽムルニアヒテ、タヾヒトコヱ、南无阿弥陀仏ト申タルニヨリテ、五十億劫ノアヒダ生死ニメグルベキツミヲ滅シテ、化仏・菩薩三尊ノ来迎ニアヅカリテ、汝仏ノミナヲトナフルガユヘニツミ滅セリ、ワレキタリテナムヂヲムカフト、ホメラレマイラセテ、スナワチカノクニヽ往生スト候[39]。

私たちが往生できるのは「我が身」が「清」いか「悪」いかによるのではない。それは「ひとえに仏の御力」によるのであって、そうであるからには「いかに罪深く愚かに拙」い身でもそれが理由で往生できないということはない。「ただひと声」南無阿弥陀仏と称えれば、「五十億劫のあいだ生死をめぐる」ような「罪」さえも滅せられ、この世に現れた阿弥陀仏と観音・勢至菩薩の「三尊」が「汝が仏の御名を称えるがゆえにその罪を滅し、私が来たって汝を迎え入れよう」と讃えてくださり、彼の国に往生できるのだ、と。

浄土なる場所を実体として想定し、そこに往き生まれるということよりも、「罪」が「滅」せられることこそが「往生」であるという解釈は、鈴木大拙がかの『日本的霊性』で強く打ち出している解釈である。大拙は書いている——

しばらく此の世と彼の世とを対照させる意識の上で、念仏から往生へうつるように言いなすが、それは分別上の計らいの話である。念仏のほかに往生があるものなら、念仏のほかにまた往生の途がなくてはならぬ。〔…〕実際、浄土往生ということは一種の符牒であると考えたいのである。念仏そのものが大切なのである。一心の念仏だけが大切なのである。いちおう現世否定のうらに浄土往生をおくが、この否定と往生とは、実に南無阿弥陀仏において統一せられるのである。それゆえ六字の名号を称えることによりて一切の悪業が除かれる。そしてこの除かれることが、即ち浄土往生にほかならぬのである。[40]

「現世を超えんとするところ」にある「祈り」としての「念仏」、すなわち、現世の罪を「否定」する念仏は「そのうらに浄土の肯定をかくしている」のであり、「此の土と彼の土」「厭離穢土と欣求浄土」の対立措定を止揚し綜合した「一心の念仏」こそが法然の理念であり、それは「久遠の今」としての「南無阿弥陀仏」なのである[41]——この解釈の適否はここではまだ問わない。ただ、すでに私たちも第Ⅱ部で見てきたように、法然における称名念仏が「滅罪」にその照準を定めるものであるという視点、そして往生は空間的移動として表象されるべきではなく、〈今〉称えられる「一心の念仏」のうちにこそ生起する出来事として捉えられるべきだというきわめて示唆に富む大拙の視座を、私たちもここで共有しておこう（その場合、〈今〉というのがそもそもどのような時間であるのかが重大な問いとなる――この問いに私たちはつぎの最終章で向き合うことになる）。

だが、そのことを確認したうえで、いっそう重要なのは、法然が源信による「臨終の念仏」の特権化を明確に批判し、斥けているという点である。この批判は、信者との書簡のやり取りや問答において随所で繰り返しなされている――

称讃浄土経ニハ、「慈悲ヲモテ、クワエタスケテ、コヽロヲシテミダラシメタマハズ」ト、トカレテ候也。タヾノ時ニヨク〳〵申オキタル念仏ニヨリテ、臨終カナラズ仏来迎シタマフ。仏ノキタリ現ジタマヘルヲミタテマツリテ、正念ニハ住スト申ツタエテ候ナリ。シカルニ、サキノ念仏オバ、ムナシクオモヒナシテ、ヨシナキ臨終正念ヲノミイノル人ナドノ候ハ、ユヽシキヒガヰムニイリタルコトニテ候ナリ。〔…〕モトヨリノ行者、臨終ノサタハアナガチニスベキヤウモ候ハヌナリ。仏ノ来迎一定ナラバ、臨終正念ハマタ一定トオボシメスベキナリ。(42)

マタハジメヨリ仏ノ本願ニ信ヲオコサセオハシマシテ候シ、御コヽロノホド、ミマイラセ候シニ、ナニシニカハ往生ハウタガヒオボシメシ候ベキ。経ニトカレテ候ゴトク、イマダ往生ノミチモシラヌ人ニトリテノコトニ候。モトヨリヨク〳〵キコシメシシタヽメテ、ソノウヘ御念仏功ツモリタルコトニテ候ハムニハ、カナラズマタ臨終ノ善知識ニアハセオハシマサズトモ、往生ハ一定セサセオハシマスベキコトニテコソ候へ。[43]

右に引いた前者は「大胡の太郎実秀へつかわす御返事」の一部だが、読まれるように、「サキノ念仏」＝「前述した平生の念仏」を「虚し」いものと考えて「理由のない臨終正念」だけを祈る人は由々しい間違った考えに陥っているのであり、もともと念仏行をしている人は、臨終の準備などわざわざする必要はありません、というのがここでの法然の返答であり、他方、後者の「正如房へつかわす御文」の一節においても法然は、問いかけに対して、念仏について「もとよりよくよくお聞きになり、そのうえで念仏の功徳を積まれたのですから、必ずしも臨終の時に善知識＝善き導き手にお会いにならなくても、往生は定まっているのです」と答えている。これと同じ趣旨の文言は、つぎの『浄土宗略抄』の中にも見られる——

たゞの時よく〳〵申しおきたる念仏によりて、かならずほとけは来迎し給ふ也。〔…〕それにさきの念仏をばむなしく思ひなして、よしなき臨終正念をのみいのる人のおほくある、ゆゝしき僻胤の事也。されば仏の本願を信ぜん人は、かねて臨終をうたがふ心あるべからず。当時申さん念仏をぞ、いよ〳〵心を至して申べき。いつかは仏の本願にも、臨終の時念仏申たらん人をのみ、むかへんとはたて給ひたる。[44]

つね日頃から称えている念仏こそを、いっそう心をこめて称えるべきなのであり、いったいいつ、仏の本願において、臨終の時に念仏を称えた人だけを迎えると誓われたことがあったでしょうか、そんなことはなかったはずです――法然はそう書き、あらためて臨終の念仏の特権化を戒めている。そして『四箇条問答』の中には、いっそう直接に源信の先のテーゼを批判するつぎのようなくだりがある――

問曰。臨終の一念は、百年の業にすぐれたりと申すは、平生の念仏の中に、臨終の一念ほどの念仏をば申いたし候ましく候やらん。
答。三心具足の念仏はおなし事也。そのゆへは、観経にいはく、「具三心者必生彼国〈三心を具するものは、必ず彼の国に生ず〉」といへり。ひつの文字のあるゆへに、臨終の一念とおなし事也。[45]

「臨終のときに称える一声の念仏は、百年の業よりも勝れているというのは、平生の念仏の中には臨終の一声の念仏ほどの価値がないということなのでしょうか」――この問いに対する法然の答えは、「三心」を具足しているからには両者は同じ念仏であり、「ひつ＝必」の文字があるのだから平生の念仏も臨終の一念と同じく必ず往生を可能にする、というものだ。

こうした法然の論理のうちには、凡夫たる私たちの日常的惰性態への深い理解がある。みずからの生の有限性を知ってはいても、その時間を「死の可能性への先駆」によって「本来的」なものたらしめることができない凡夫、みずからの生を不可避の死から遡及的に意味づけることができず、「おのれに固有な死」をつねにすでに覚悟することからは遠く「世人」のうちに埋没するほかない凡夫……。そのようなあり方は、ハイデガーならば「頽落」として厳しく糾弾するだろう。だが、法然はそれを赦す。法然は、そのような衆生の生存をまるごと肯定するのである。そのことは、たとえばつぎのくだりに明瞭に見て取れるだろう──

問ていはく、往生をねがはぬにはあらず、ねがふといふとも、その心勇猛ならず。又念仏をいやしと思ふにはあらず、行じながらおろそかにしてあかしくらし候へば、かかる身なれば、いかにもこの三心具したりと申すべくもなし。さればこのたびの往生をばおもひたへ候べきにや。

答ていはく、浄土をねがへどもはげしからず、念仏すれども心のゆるなる事をなげくは、往生の心ざしのなきにはあらず。心ざしのなき物はゆるなるをもなげかず、はげしからぬをもかなしまず、〔…〕日ごろ十悪・五逆をつくれる物も、臨終にはじめて善知識にあひて往生する事あり。いはんや往生をねがひ、念仏を申して、わが心のはげしからぬ事をなげかん人をば、仏もあはれみ、菩薩もまほりて、障りをのぞき、知識にあひて往生をうべき也(46)。

ここには衆生のこのうえなく率直な心情が吐露されており、その心情への法然の繊細な共感が記されている。衆生が言う──私とて往生を願わないわけではありません、ただ、願うと言っても、その心が「勇猛」にならないのです。また、念仏を卑しいものとは思っておりませんが、念仏を行ないつつも毎日をおろそかに暮らしていますので、このような私としては、どうみても三心をそなえているとは言えません。ですので、このたびの往生は諦めたほうがよいのでしょうか。それに対する法然の答え――浄土を願ってもその心に厳しさがなく、念仏しても心に弛みがあることを嘆くのは、往生したいという志がないからではありません。そもそも志がなければ心に弛みがあることを嘆くことはないでしょうし、厳しさがないことを悲しむこともないでしょう、〔…〕日頃から十悪・五逆の罪を造っている者でも、臨終のときに初めて善知識に出会って往生することがあります。まして往生を願い念仏を称えていて、自分の心に厳しさが欠けていると嘆くような人ならば、仏も憐れみ、菩薩も守ってくださり、障害を取り除いて、導き手に出会って往生することができるはずです……。

つねに死をみつめ、終わりにむけて意識を集中し、必ずやってくる臨終にそなえて心を「勇猛」にして「本来的」な時間を生きること――そのような英雄的決意主義とも言うべき態度が衆生にはおよそ不可能であることを法然は知り尽くしている。日々の暮らしの中で「頽落」してあるほかなく、実存の「本来性」から否応なく見放されていることこそが、凡夫の本質特徴なのである。だから、法然は臨終の念仏を特権化しない。むしろ臨終/平生の区別を積極的に廃し、どのような場面でどのような心で称えられる念仏も、念仏であるかぎりにおいてすべてまったく等価であることを、法然は断言するのだ。たとえば、つぎの問答のように――「一、臨終に、善知識にあひ候はずとも、日ごろの念仏にて往生はし候べきか」――「答、善知識にあはずとも、臨終おもふ様ならずとも、念仏申さば往生すべし[47]」。

そして事実、法然はみずからの死に際しても「臨終行儀」をきっぱりと斥けている。『法然上人絵伝』が伝えるところによれば、師の入滅が近いことを感じ取った弟子たちが死の床の法然に「仏の御手に五色のいとをつけて、「とりよしませ」とすゝめ」たが、法然は「かやうの事は、これつねの人の儀式なり。わが身にをきては、いまだかならずしもしからず[48]」と言って、ついにこれを手に結ぶことはしなかった。この場面は、法然の思考と実践が文字どおり生涯にわたって首尾一貫していたことを証している。

かくして、法然による称名念仏が人間存在の「凡夫」性への透徹したまなざしにもとづいた教えであり、その目的と効果が一切衆生を遍く救済し「一人をも漏らさ」ぬことに存することがここでも確かめられたわけだが、しかしそれでは、この念仏という易行が約束する往生とはいったいどのような経験なのか。それが前近代の説話の内部での神話的フィクションではなく、人々が自己救済のために想像界においてのみ信ずる物語でもないことを、私たちはすでに第Ⅰ部で部分的に予告しておいた。称名念仏は、その見かけの単純さとは逆に、その内部に複雑に折りたたまれ捩れた時間構造を宿しており、それはそれを反復する者にある特有の経験の領野を開く。そしてその経験こそは、私たちの存在をその有限性から解き放ち、有限性に由来する不安や恐怖や苦悩から解放する、救いの経験そのものなのである。

けだし往生とは、人間存在がその死後に非現実的なメタファーないし想像界ないし幻想として想定された世界へ移行することではない。そうではなく、それは私たちがそれを生きることのできる現実の経験の名である。法然から親鸞へ、そして一遍へと受け継がれ、次第にその本質を純化していく称名念仏による往生——その出来事のリアリティを、私たちはこれから分析し解読することにしよう。それが本書の最後の、そして最大の課題である。

註

（1）林純教『蔵文和訳 般舟三昧経』大東出版社、一九九四年。
（2）『浄土宗全書』第十五巻、浄土宗開宗八百年記念慶讃準備局、山喜房佛書林、一九七一年、二八頁。ただし原文は漢文、訓み下しは引用者による。以下同様。
（3）同書、二五頁。
（4）同書、二八頁。
（5）同書、一七頁。
（6）同書、一八頁。
（7）同右。
（8）同右。
（9）源信『往生要集（上）』石田瑞麿訳注、岩波文庫、二〇一七年、九〇－九一頁。
（10）同書、九二－九四頁。
（11）同書、九五－九六頁。
（12）同書、一五二頁。
（13）同書、二〇九頁。
（14）同書、二〇九－二一〇頁。
（15）同書、二一二－二一三頁。

(16) 同書、二五三頁。
(17) 同書、二五四頁。
(18) 同書、二五四―二五五頁。
(19) 同書、二五六頁。
(20) 源信『往生要集（下）』石田瑞磨訳注、岩波文庫、二〇一七年、一〇頁。
(21) 同書、三〇頁。
(22) 同書、三一頁。
(23) 同書、三三―三四頁。
(24) 同書、三四頁。
(25) 同書、三四―三五頁。
(26) 同書、三五、四四―四五頁。
(27) 『源信』川崎庸之責任編集、「日本の名著4」中央公論社、一九七二年、二九頁。
(28) 同書、三三九頁。
(29) マルティン・ハイデガー『存在と時間』原佑・渡辺二郎訳、「世界の名著62」中央公論社、一九七一年、四一〇頁、上段。強調原文。
(30) 同右。
(31) 同書、四二八頁、下段。強調原文。
(32) 同書、四一三頁、下段。
(33) 同書、四一四頁、上段。強調原文。
(34) 同書、四一五頁、上―下段。強調原文。
(35) 同書、四二八頁、上段。強調原文。
(36) 同書、四二九頁、上段。強調原文。

(37) 同書、四三〇頁、下段－四三一頁、上段。強調原文。
(38) 大橋俊雄『法然全集』第三巻、春秋社、一九八九年、六六－六七頁。
(39) 同書、四八－四九頁。
(40) 鈴木大拙『日本的霊性』岩波文庫、一九七二年、一五九－一六一頁。
(41) 同書、一六一頁。
(42) 大橋俊雄『法然全集』第三巻、前掲書、三七－三八頁。
(43) 同書、五三－五四頁。
(44) 同書、八八－八九頁。
(45) 同書、一七八頁。
(46) 同書、二三〇－二三一頁。
(47) 同書、二五三頁。
(48) 『法然上人絵伝（下）』大橋俊雄校注、岩波文庫、二〇一一年、一三九頁。

第二章　現世において生／死を超える――称名念仏の刻

（一）「本願」の構造――法然の発見

この穢土を厭い離れて彼の浄土に往き生まれること。往生とは、そのようにして現世とは別の世界へ新たに生まれること、他なる世界へ生まれ変わることを意味し、それは人間存在の死後の出来事である――これが七世紀前半にこの国に浄土教が伝えられたのち、平安時代に円仁‐良源‐源信らによって確立された浄土信仰における往生概念であり、それは今日にいたるまで受け継がれてきた最も一般的な解釈である。六道輪廻を世界観とし、それゆえに「生死《しょうじ》」を離れることが切なる願いであった中世の人々にとってのように浄土を意識の現実的志向性の対象と見なすか、それとも、自然科学の発達とともにこの世界におけるみずからの生存の絶対的有限性を認識している私たちのように、やがて到来する死の観念に由来する不安や恐れや苦悩を解消するために、神話的言説であることを知りつつ浄土を精神的な救いの領域として設定するかという違いこそあれ、往生は、いずれの場合にも現世とは切り離された別の次元、別の世界への移行として理解されている。往生とは、死という時間の絶対的切断以後に想定されるなにかである。私たちがそれを生きることのできない、しかしそれをどこかに位置づけることで私たちの生を安らかにしてくれる想像界の経験としての往生……。

しかし、往生という概念の可能性は、はたしてそこにとどまるか。それは、リアルに希求されるか神話であることを前提として保持されるかの差はあれ、結局のところ、死という究極的な脅威の切迫に対して人間の文化が考案した精神の保護装置に過ぎないのか。否、法然が「善知識にあはずとも、臨終おもふ様ならずとも、念仏申さば往生すべし(1)」と言うとき、親鸞が「しかるに煩悩成就の凡夫、生死罪濁の群萌、往相廻向の心行を獲れば、即の時に大乗正定聚の数に入るなり(2)」と言うとき、そして一遍が「只今、念仏の申されぬものが、臨終には得《え》申さぬなり。遠く臨終の沙汰をやめて、能々《よくよく》念仏を申べきなり(3)」と言うとき、そこで告げられている念仏は、そしてそれがもたらす往生は、たんなる想像界における慰藉ではない。まったく反対に、ここで語られる念仏とは、つねに現実的効果を目的とする実践の名であり、往生とは想像界の安定的秩序を積極的に打破する現実の経験の名なのである。だが、それはどのような意味においてか。

法然が余行を捨て称名念仏の一行のみを正行として選び取ったとき、その根拠はなにであったか。それは、称名念仏が「かの仏の本願の行」であるからだ――

問うて曰く、何が故ぞ、五種の中に独り称名念仏をもって、正定の業とするや。

答えて曰く、かの仏の願に順ずるが故に。意に云く、称名念仏はこれかの仏の本願の行なり。故にこれを修すれば、かの仏の願に乗じて必ず往生を得るなり(4)。

ところで、ここで言う「かの仏の本願」とはどのようなものであるか。それがある特異な時間構造をしていることを私たちは第Ⅰ部第一章で略述しておいたが、ここであらためてそれを整理し直すならば、まず一方に『無量寿経』第十八願がある――

たとい我れ仏を得たらんに、十方の衆生、至心に信楽して、我が国に生ぜんと欲して、ないし十念せんに、もし生ぜずといわば正覚を取らじ。(5)

「たとえ私が仏になることができたとしても、十方世界の衆生がまことの心をこめて信じ願い、私の国に生まれたいと欲して、十回念ずるに及んでも、もし生まれることができなければ、私は正しい悟りを得た仏にはなるまい」――法蔵菩薩の四十八の誓願すべてと同様、この第十八願もまた「たとえ私が仏になることができたとしても、……ならば、私は正しい悟りを得た仏にはなるまい」という宣言である。そして他方、法然は善導の『往生礼讃』を引いてつぎのように言う――

かの仏、今現に世にましまして仏に成りたまえり。まさに知るべし。本誓の重願虚しからず、衆生称念すれば、必ず往生することを得、と。(6)

法蔵菩薩は久遠の過去に、衆生が十念しても浄土に生まれることができなければ自分は仏にはならない、と誓った。しかるに、その法蔵菩薩は修行の末にすでに十劫の昔に「正覚」を得て「今現に」仏となっており、「本誓の重願」はすでに実現している。それゆえに、衆生が称名念仏すれば往生することもまた確かなことである――法然による衆生救済の理路はこのように定式化される。

この論理は、いっけん単純に見える。しかし、ここには称名念仏を実践する行為者を必然的にある時間錯誤に導き入れる構造がある。衆生による称名念仏は、その端緒においては法蔵菩薩の成仏の条件であった。すなわち、その名を称える衆生が「我が国＝浄土」に生まれることができなければ、法蔵菩薩は仏となることはなかった。他方、法蔵菩薩は現に成仏している。ということは、かつてその名を称えることによって衆生が往生することができたということを意味する。しかし、実のところその原初の衆生往生は、それ自体として目の前で起きたことや生きられた経験として経典の説話の内部ですら証言され語られているわけではない。それは、一方において、すでに成仏した法蔵菩薩の側から事後的に確認されているだけであり、他方において、いまだ成仏以前の法蔵菩薩の誓願の中でそれが起きるであろうことが約束されているだけである。すなわち、衆生の往生は、「すでに」と「いまだ」のあいだにあって、ただ事後性の未来完了という時間性によって指し示されるだけなのだ。つまりは、今という時間、現前性の場には属さない純粋な出来事――それこそが往生なのである。

これはなんら思弁ではない。その理路を字義どおりにたどれば、法然における称名念仏による往生はそのような概念構成の中にある。そしてそのことは、ただちに称名念仏という行の意味と効果を現代的に定義し直すことを必然化する。私たちは第Ⅰ部第一章においてすでに、「南無阿弥陀仏」

という発話が遂行されるとき、なにが起きるかを分析しておいた。「帰依－無限者に」という発話が繰り返されるとき、そこでは第一に、日常的な「私」から、ただ「阿弥陀仏」という無限者に帰依することだけをその属性とする非人称的存在への主体の変容が起きる。それは、ただ称名念仏が遂行される時間のみを生きる〈この私〉の新たな誕生であり、その再－生である。のみならず、今や私たちは第二に、つぎの点をも明確化することができる。すなわち、その繰り返される念仏が、原初において称えられた念仏、正確には〈起源に－起きた－ことになる〉衆生往生を可能にした念仏の反復であるからには、それが属する場面もまた〈今〉という時間を欠いた非－現前性の場面であることになるだろう。称名念仏は、そのパフォーマティヴな効果として、そのつど積極的な時間錯誤を産み出すのだ。〈今〉をいわば空白化し、「すでに」と「いまだ」のあいだに行者を宙吊りにする称名念仏。「南無阿弥陀仏」という一句が無限なるものへの帰依の遂行的宣言であり、それが発話の主体を無限へと開くとすれば、その場合の「無限」とは、この時間錯誤のことであるだろう。したがって、鈴木大拙が「一心の念仏」と呼び、「一心のところに永遠があ」り、それは「久遠の今である[7]」と言うまさにその場面を、私たちならば、それこそは久遠の非－今であると言うことができるだろう。

　法然ほどの知性がこの本願の構造について、したがって称名念仏による往生がどのような出来事であるかについて、意識的でなかったはずはない。善導による『無量寿経』の複数の解釈を綜合しつつ本願に適う正行として念仏を選び取ったとき、法然はなにを見通していたか。それは、称名念仏という行為を遂行するとき、その行為者が開く場面が、現実の時間の持続にとってその目的論的に整序化された流れをいわば内破するものであるということにほかなるまい。そして、そのきわめて大きな潜在的力能を認識したうえで、しかし法然は、阿弥陀仏の名を称えるという行為を誰にでも実践可能な「易行」として衆生に説いたのである。

だがしかし、本願の構造から導き出せる称名念仏の効果が原理的にそのようなものであるとしても、法然自身がそれをそのまま前面に押し出したわけではない。法然が同時代において向き合っていたのはなによりもまず人間存在の有限性についての源信的＝平安的パラダイム、そしてそれと不可分に結びついた六道輪廻の世界観だったのであり、その抑圧的な支配力から凡夫を、一切衆生を救い出すことこそが法然にとっての最優先課題であった。それゆえに、法然は称名念仏の効果のうち「滅罪」を最大限に前景化した。この点に関しては第Ⅱ部第一章で詳述したゆえにすでに多言を要すまいが、あらためて法然の別の言葉を引いておけば、念仏の「罪」を「滅」する力、「罪を除く」力をめぐる、たとえばつぎのようなくだりがある――

> もしは仏の在世にもあれ、もしは仏の滅後にもあれ、一切の造罪の凡夫、ただし心を廻して阿弥陀仏を念じ、浄土に生ぜんと願いて、上百年を尽し、下七日一日、十声・三声・一声等に至って、命終らんと欲する時、仏、聖衆とともに、自ら来たって迎接したもうて、即ち往生を得。上の如き六方等の仏、舌を舒《の》べて、定んで凡夫のために証をなしたもう、罪滅して生ずることを得と(8)。

造罪の人障り重くして、加うるに死苦来たり逼むるをもってす。善人多経を説くといえども、浚受《さんじゅ》の心浮散す。心散ずるによるが故に、罪を除くことやや軽し、また仏名はこれ一なれども、即ちよく散を摂してもって心を住せしむ。また教えて正しく念じて名を称せしむ。心重きによるが故に、即ちよく罪を除くこと多劫なり、と。(9)

読まれるように、前者は、釈尊が世にいる時でも入滅した後でも、「阿弥陀仏を念じ、浄土に生ぜん」と願って、多い者は「百年」、少ない者は「七日」でも「一日」でも、たとえ「十声・三声・一声」であっても称名するならば、阿弥陀仏が来迎引接し往生させてくれることを、そしてそのようにして「罪」が「滅」せられて往生することができることを六方の諸仏が「凡夫のために」証してくださっていると説く一節であり、後者は、仏の名を称えることはたとえ一声であっても、「障り」が重い「造罪の人」の散り乱れた心をよくおさめ、「多劫」のあいだに犯した「罪を除く」ことができることを説く一節である。いずれも、その論理の中心は、「聖道門」の修行者のように戒を守ることも善を修すこともできず日々の暮らしの中で「罪」を犯さざるを得ず「悪業」を造らざるを得ない凡夫、したがって「生死」を繰り返し六道を輪廻するほかないという恐怖に怯えている凡夫を、その強迫観念《オブセッション》から解放することにある。称名念仏の教えはここでは、原理的な時間錯誤をいわば潜在的な根拠としつつ、その力の一撃によって衆生の想像界に働きかけ、支配的な想像界の呪縛を打ち破って別の地平を約束することを目的として説かれている。称名念仏はまさに衆生のいいいいいいいいいいい生のリアリティを変革する教えだったのであり、法然はその効果を明確に意識していたはずだ。みずからを縛る観念形態＝イデオロギーから衆生が阿弥陀仏の名、その大慈悲という「他力」の働きのもとで解放され、救われること——法然における往生が現実のものであったということは、ここで整理した原理的および実践的な諸事象の総体を意味している。

そして、この点との関連において確認しておくべきなのは、称名念仏の効果が衆生の「罪」を除き衆生をその「悪業」意識から解放するにとどまらないこと、つまり、衆生を往生の資質に欠けた存在ではなく、むしろ機根において充溢した存在として完全に肯定することを目指すものであったということである。念仏を称える者は、それだけで「妙好人」なのである——

> 観無量寿経に云く、
> もし仏を念ぜん者、まさに知るべし、この人は即ちこれ人中の分陀利華《ふんだりけ》なり。観世音菩薩・大勢至菩薩、その勝友となる。まさに道場に坐して、諸仏の家に生まる、と。
> 〔…〕
> 分陀利と言うは人中の好花と名づけ、また希有花と名づけ、また人中の上々花と名づけ、また人中の妙好花と名づく。この花、相伝して蔡花と名づくる、これなり。念仏の者は、即ちこれ人中の好人なり、人中の妙好人なり、人中の上々人なり、人中の希有人なり、人中の最勝人なり。[10]

念仏する人は、さまざまな人がいる中でも「分陀利華」＝白蓮の花のような美しくすぐれた人であり、観世音菩薩や大勢至菩薩もその善き友となって見守ってくれるほどである。白蓮は好ましい花、稀有な花であり、最上の花、妙なる好ましい花であり、念仏する人は、その白蓮に等しい妙なる好ましい人、最上の人、稀有な人、最も勝れた人である――そう書くとき法然は、衆生の生をそれ自体として留保なく肯定する場所にいる。「聖道門」の戒や修行に耐え適合する能力がなくとも、それはなんら欠如を意味しない。ただ念仏のひと声を阿弥陀仏の促しにしたがって発するだけで、その人間はなに一つ欠けることのない存在、どんな否定的自己意識もいだく必要のない、あるがままの生を生きる存在となり、そのような存在として迎接される。その迎え入れ、すなわち、その絶対的歓待の場こそが、浄土と呼ばれているのだ。ここにもまた、法然における往生が現実の経験であると言い得る場面がある。

だが、平安的パラダイムからの脱却を第一課題としていた法然において、そのことがいまだ明示されざる強い潜勢力にとどまっていたことも確かである。往生が、現世における経験としてはっきりと言語的に表現されるためには、親鸞による概念形成を待たねばならなかった。

(二)「現生正定聚」という境位――親鸞の賭け

親鸞の思考を私たち現代人にとって受け容れやすいものにしている要因の一つは、その「信心為本《しんじんいほん》」の立場であるだろう。「信心正因」とも言われるそれは、「信」が決定《けつじょう》したとき往生もまた決定するという立場である。その理論構成の核にあるのは「正定聚《しょうじょうじゅ》」という信仰上の位である。『教行信証』の中、「証巻」の冒頭はつぎのように始まっている――

つつしんで真実の証を顕さば、すなはちこれ利他円満の妙位、無上涅槃の極果なり。すなはちこれ必至滅度の願より出でたり。また証大涅槃の願と名づくるなり。しかるに煩悩成就の凡夫、生死罪濁の群萌、往相廻向の心行を獲れば、即の時に大乗正定聚の数に入るなり。正定聚に住するがゆゑに、かならず滅度に至る(11)。

「他力」を徹底する親鸞の教えにおいて、真実の悟りは「利他円満の妙位」にして「無上涅槃の極果」、すなわち、他力によって与えられる円《まど》かに満ちたすぐれた仏の位であり、この上ない涅槃の究極の悟りである。そして、あらゆる煩悩をかかえた「凡夫」や生死を重ねる罪に汚れた数知れぬ者たちも、仏より廻施された信心と称名の行を得れば、ただちに「大乗正定聚」の数に入ると親鸞は言う。「正定聚」とは、〈必ず往生することが定まっている人々〉を指す。これは元々『無量寿経』四十八願のうちの第十一願「たとい我仏を得たらんに、国中の人・天、〔正〕定聚に住し、必ず滅度に至らずんば、正覚を取らじ(12)」に由来する概念であり、親鸞は、曇鸞が『往生論註』の中で行なっている龍樹の『十住毘婆沙論』解釈を引用してそれを再定義している――「易行道とは、いはく、ただ信仏の因縁をもつて浄土に生ぜんと願ず。仏願力に乗じてすなはちかの清浄の土に往生を得しむ。仏力住持してすなはち大乗正定の聚に入る。正定はすなはちこれ阿毘跋致《あびばっち》なり(13)」。「阿毘跋致」はと言えば、これは『阿弥陀経』の終結部近くの「また、舎利弗よ、極楽国土には、衆生生まれん者、みな、これ阿鞞跋致なり(14)」という一文中に読まれる名であり、サンスクリット語原文の

《avinivartanīya》の音写訳で、「不退転」すなわち「仏になることが定まっていて、菩薩の地位より退転しない位」[15]を意味する。

その際、いつ「不退転」を得るかについてはさまざまな経論において解釈に差異があるが、大別すれば、〈彼の土〉において不退を得たのち菩薩として修行してから成仏するという『阿弥陀経』を字義どおりに解釈する「処不退」説と、「不退転」を〈此土〉の「現生において獲得する信心の利益」と解釈する「現生不退」説があり、親鸞が選び取ったのは曇鸞を経由した後者の解釈である。[16]いずれにせよ親鸞は、阿弥陀仏が廻施する信心を獲得し、それにしたがって念仏を称える衆生は、それだけで往生を約束された者となる、と断言したのである。

この「正定聚」の位について、そしてそれゆえに可能となる「即得往生」について、親鸞は随所で明確に語っている――

「願生彼国」は、かのくににうまれんとねがへとなり。「即得往生」は、信心をうればすなはち往生すといふ。すなはち往生すといふは不退転に住するをいふ。不退転に住すといふはすなはち正定聚の位に定まるとのたまふ御《み》のりなり。これを「即得往生」とは申すなり。「即」はすなはちといふ。すなはちといふは、ときをへず、日をへだてぬをいふなり。[17]

来迎は諸行往生にあり、自力の行者なるがゆゑに。臨終といふことは、諸行往生のひとにいふべし、いまだ真実の信心をえざるがゆゑなり。また十悪・五逆の罪人のはじめて善知識にあうて、すすめらるるときにいふことなり。真実信心の行人は、摂取不捨のゆゑに正定聚の位に住す。このゆゑに臨終まつことなし、来迎たのむことなし。信心の定まるとき往生また定まるなり。来迎の儀則をまたず。(18)

前者は、法然門下の聖覚法印の著『唯信抄』についての注釈書たる『唯信抄文意』の一節であり、したがって弟子たちにむけて本義を説くことを目的とする教えの言葉、後者は、親鸞が東の国から京都へ戻ってのちに門弟の疑問に答えるべく書き送った手紙の一つに読まれる一節であり、みずからの立場をいっそう端的に明かす言葉である。どちらも決定的な事柄が告げられている。第一に、「往生」は「正定聚の位に定まる」とおっしゃる阿弥陀仏の御言葉が指す事態であるということ、さらにこの「正定聚」という「不退転に住する」ことが「即」＝「ときをへず、日をへだて」ずただちに「往生」することを意味するということ、そしてこのプロセスならぬ瞬間的転位が「信心」の獲得と同時であるということ——親鸞が分節化しているのは、このような「往生」概念である。第二に、そのことの論理的な必然的帰結と言うべきだが、「往生」が「臨終」とは無関係の出来事であるということ。「臨終」が問題となるのは「聖道門」的な「諸行」の実践者においてのみであり、「自力の行者」とは異なり「真実信心」を得た人は、阿弥陀仏の「摂取不捨」の他力によってすでに救われている。「このゆゑに臨終まつことなし、来迎たのむことなし」——これが親鸞における往生概念の本質である。

このような思考が、先行する源信的＝平安的パラダイムへの根本的批判であり、師たる法然が潜勢態として指し示していた場面の現働化であることは明らかだ。そして源信的な認識論の枠組みが広義の近代的パラダイムなのであってみれば、親鸞がここで提出している「往生」概念が、現代の私たちにおいても有意義な問いを開くこともまた確かなことである。それは宗教的「信」の実存論的転回と呼ぶべき変革である。

「信心の定まるとき往生また定まるなり」という言葉はなにを意味するか。それはなによりもまず、「往生」を死後に仮定される出来事としないことによる、人間存在の有限性の再確認であり、再－肯定であり、その結果としての死への恐怖からの人間存在の解放である。親鸞は、源信のように「往生」の契機として臨終を待つことをしない。だが、それでいて親鸞は、死という絶対的な切断から目をそむけているわけではなく、かつ、その切迫の脅威からの救済としての「往生」という概念を手放してしまうわけでもない。そうではなく親鸞は、「往生」をこの「現生」における「信」の獲得と同時に起きる出来事と見なすことで、衆生がみずからの実存をその一回性において不断に引き受けつつ、人間存在の類的本質としての有限性そのものを乗り越える道を指し示しているのだ。すなわち、「信」の獲得による現実の時間性の内部における新たな誕生としての「往生」、不断の再－生としての「往生」。

実際、親鸞的意味での「信」を得ることは、人間存在をその一般性から切り離し、存在をその単独性において救い出すことにほかならない。死を人類一般の条件としてではなく、存在がその単独性＝特異性において生きるただ一度の出来事であると認識するとき、死を先取りし、死をすでに生き始めることが人間存在には可能である。そのようにして別種の時間性へとみずからを投げ入れること、そのような別種の時間性を「信」においてみずからに開くこと、それも自己の決断によってではなく、ただ阿弥陀仏から廻施される「他力」の働きによって――それこそが親鸞における「往生」という出来事であるだろう。

だが、このように定式化してもなお、つぎのような問いが提起され得る。親鸞的な「信」が「往生」を可能にするとしても、源信的な想像界の経験ではないにせよ、それは結局のところ（あるいはいまだ）実存の選択の問題であり、真に現実の経験とは言えないではないか、と。そう、たしかに、そのように問い返すことは論理的であり、不可避の反駁ですらあるだろう。しかし、まさにこの局面、この語の正確な意味、留保なき意味において往生を現実の経験領域として開いてみせたのが、一遍である。その念仏はいかなる時間を私たちに与えているのか。

（三）「無始無終の往生」――一遍における脱構築としての念仏

一遍が称名念仏にすべてを集約したこと、すなわち、「至誠心」「深心」「廻向発願心」という念仏行者がそなえているべき「三心」という条件も、「自力／他力」の差異についてのありがちな相対的視点も、さらには念仏において帰依する主体として仮定される「能帰」＝衆生と念仏において帰依される客体として仮定される「所帰」＝阿弥陀仏との区別さえも捨て去って、ただ「独一」の念仏にあらゆる教義と実践を叩き込み、みずからも「身に一塵をもたくはへ」ぬ「捨て聖」となって、遊行を続けたことはすでに見てきたとおりだ。すべてを削ぎ落し、原理的に可能な限界まで縮減と還元を徹底した果てに獲得されたその念仏は、究極的には「念仏が念仏を申《もう》すなり」、さらには

「南無阿弥陀仏が往生するなり」と語られる非－論理にも等しい同語反復として定義されていた。それは、一切の知的ないし理論的解釈を斥ける純粋な強度の一撃としてのみ差し出されていたように見える。

だが、はたしてそうか。「念仏の下地を造る事なかれ」と言い、「露ばかりも心品のさばく」ること、すなわち、わずかでも心で思量することを戒めた一遍の念仏は、ただそのままに、「一心不乱」にそれを称えることができるだけなのか。否、一遍の念仏は、その見かけの単純性のもとに無限の省察の襞を隠している。そして、これは言葉の綾ではないが、その単純性は、ある特異な無限へと私たちの思考と実践を開くべく誘っている。その特異な無限こそが、一遍が開く「往生」の経験なのである。

前提として踏まえておくべきなのは、一遍の念仏もまた「他力」の経験であるということだ。法然・親鸞以上にその方向性は鋭く、揺るぎがない。たとえば、つぎのくだり——

又云、名号に心をいるゝとも、心に名号をいるべからず。飾磨津《しかまづ》別時結願の仰に曰、名号は信ずるも信ぜざるも、唱ふれば他力不思議の力にて往生す。〔…〕他力称名の行者は、此穢身はしばらく穢土にありといへども、心はすでに往生をとげて浄土にあり。此旨を面々にふかく信ぜらるべし[19]。

六字の名号は、称えるときに名号に心を打ち込んでもよいが、自分の心に名号を引き入れるようなまねはしてはならない。名号は、信ずる人でも信じない人でも、これを称えれば阿弥陀仏の「他力」の不思議な力によって往生できる。「他力」に徹する「称名の行者」は、穢れた身は仮に穢土にありはすれども、「心はすでに往生をとげて浄土」にある。この旨を各人は深く信じておくべきだ——一遍は「飾摩津」で別時念仏を修して「結願」したときに、そう言ったという。ここで「他力不思議の力」と言うとき、一遍はまだ自力・作善の及ばない阿弥陀仏の大きな包摂力をそう形容しているだけであるとも見えるし、「心はすでに往生をとげて浄土にあり」という表現は、現実の身体と称名する精神との二元論を語っているとも読め、そのかぎりでは往生論としては不徹底であり、その念仏の理念からすれば後退ですらあるとも断ぜられかねまい。

他方、一遍が念仏の行者にその「信／不信」を問わず、念仏すれば無条件に往生が叶うと述べていることは、第Ⅲ部で見たとおりである。「凡夫の心には決定なし。決定は名号なり」と言ったあとで、一遍はつぎのように断言していた——「決定の信心たつて後往生すべしといへば、なほ心品にかへるなり。我心を打捨て一向に名号によりて往生すと心得れば、やがて決定の心はおこるなり。是を決定の信たつといふなり」[20]。ここで一遍は、明らかに親鸞的な「信心為本」の立場を念頭に置いてこれを否定し、「信」の決定も名号の結果、すなわち称名念仏の結果として生ずる事態だと言い切っている。一遍は、親鸞における「信」の獲得と同時に往生が定まるという理路さえも斥け、「信」の「決定」という事態も名号のうちに起きると言っているわけだが、それはたんに名号の力を誇張法的に表現しているだけなのか。あるいはこれは、阿弥陀仏の「他力」のすぐれた働きを強調するための表現であるのか。

いや、そうではない。むしろ、念仏のうちに、称名念仏という行為のさなかに「往生」が起きる、すなわち、「南無阿弥陀仏」と称える行為そのものの只中に往生という出来事が場を持つのであり、したがって「信」もその結果として必然的に決定するのだ――一遍が確信しているのはそのような事態であり、場面である。その事態ないし場面を、一遍はつぎのように言語化している――

又云、往生は初一念なり、最初一念といふも、尚機に付ていふなり。南無阿弥陀仏は本より往生なり。往生といふは無生なり。此法にあへる所をしばらく一念とはいふなり。三世裁断の名号に帰入しぬれば、無始無終の往生なり。臨終平生と分別するも、妄分の機に付ていふなり。南無阿弥陀仏には、臨終なし、平生なし。三世常恒の法なり。出息入息《しゅつそくにつそく》をまたざるゆゑに、当体の一念を臨終と定むる也。然ば、念々往生なり。故に「廻心念々生安楽」と釈せり。凡《およそ》仏法は、当体の一念の外には談ぜざるなり。故に、三世即《すなはち》一念なり。(21)

ここに正確に分節化されているのは、一遍における称名念仏の時間構造であり、そこに生起する往生という出来事のリアリティである。

一遍はまず、「往生」は初めの一念においてすでに成就している、と言い、かつ「最初」の「一念」と言うのも、衆生の機根に応じて分かりやすく説明しているだけだと注意を促す。そして続ける――「南無阿弥陀仏」はそもそも「往生」そのものである。「往生」というのは生死の迷いなきことである。この真実に出会えるところを暫定的に「一念」と言っているのである。そしてついに、つぎの決定的な一文がくる――「三世裁断の名号に帰入しぬれば、無始無終の往生なり」。すなわち、過去・現在・未来という時間構造を断ち切る名号のうちに入り込めば、そこは始まりも終わりもない往生である、と。

この一文はこれまで、名号の効果を言う隠喩的な表現であり、それが言わんとするのは念仏が「三世」という「過去・現在・未来」ないし「前世・現世・来世」という因果を離れることを可能にし、そこから超越した永遠の往生をもたらしてくれるということだ、と理解されてきた。だが、それは皮相な解釈、あるいは一遍の思考と表現を一般的概念にあてはめようとする通念的理解である。一遍が「往生」は「初一念」において成就しているが、ここで「最初一念」と言うのは、衆生の理解に資するためである、とわざわざつけ加えていることに留意しよう。「往生は初一念」であり、かつ「南無阿弥陀仏は本より往生なり」であるということは、ここで言う「往生」が事の初めから繰り返しであるということ、すなわち、起源を欠いた反復であるということにほかならない。そして、その前提のうえで「無始無終の往生」という言葉を受け取るならば、それは字義どおり「始まりも終わりもない往生」、すなわち「いつがその始まりか特定できず、いつがその終わりとなるのかも分からない往生」、つまりは「つねにすでに始まっており、かつ決して終わることのない往生」だという意味であるだろう。その場合、「三世裁断の名号」とは、一般に言う「永遠」の前提となるような、時間を超越するという意味での「裁断」ではなく、これも字義どおり「過去・現在・未来」という時間の一般的継起性を解体するという意味での「裁断」であるはずだ。事実、この一文に続くのは「臨終平生と分別するも、妄分の機に付ていふなり。南無阿弥陀仏には、臨終なし、平生なし」という、これもまた決定的なフレーズである。〈起源を欠いた反復〉という時間性からするとき、「臨終／平生」という目的論的に整序化された時間性の内部にある二項対立が失効するのは当然である。それを「分別」するのは「妄分の機」、すなわち、時間の日常的惰性態の中にいる衆生の理解力に合わせるためにすぎないのであり、本来「南無阿弥陀仏には、臨終なし、平生なし」であるのだ。そして、だからこそ「念々往生なり」、つまりは称名の一念一念に往生という出来事が起き、繰り返されると言われているのである。

このようないっけん特異な時間性は、実のところ、私たちの制度化された時間構造が覆い隠し、不可視なものとしている時間性である。とりわけ、つねに〈今＝現在〉という時間を中心として考え、〈今＝現在〉を一つの〈点〉として表象しつつ、その〈今＝現在〉という〈点〉の継起的連鎖たる直線性を〈時間〉だと考える日常的信憑が、それを見えず感じ取れないものにしている。だが、その覆い隠され不可視であり感じ取れない時間性こそが、この世界を構成するリアルな時間性なのである。時間性における〈今＝現在〉という観念の支配とそれによって形づくられる私たちの日常的時間概念を批判的に分析して、ジャック・デリダはつぎのように書いている。時間は「生ける現在」の継起的連鎖ではない。そのような時間が可能であるかに見えるのは、その「起源」にある「痕跡」を、その「間隔化」のはたらきを「排除」するかぎりにおいてでしかないのだ──

しかし生ける現在の自己への現前を構成するこの純粋な差異は、その現前性から排除し得ると思われた不純性のすべてを、起源からしてそこへ再導入する。生ける現在は、その非‐自己同一性から、そして過去把持的痕跡の可能性から湧出してくるのだ。それはつねにすでに一つの痕跡である。この痕跡は、その生が自己に内的であるような現在の単純性から出発しては思考不可能なものである。生ける現在の自己は、起源からして一つの痕跡なのである。痕跡は、生ける現在の自己が「起源からしてそれである」と言うことができるような一属性ではない。〈起源的で－あること〉を痕跡から発して考えねばならないのであって、その逆ではない。〔…〕痕跡が、生ける現在の内奥のその外との関係であり、外在性一般への、非－固有なるもの等々への開かれであるがゆえに、意味の時間化は、事の初めから「間隔化」なのである。間隔化を「空隙」あるいは差異としてと同時に外への開かれとして認めるや否や、もはや絶対的な内部性は存在しなくなり、非－空間の内部が、すなわち「時間」という名を持つものがそれによってみずからを現わし、みずからを構成し、みずからを「現前させる」その運動の中に、「外」が侵入してしまうのである。(22)

これは、絶対に自己ではないものへの関係なのだ。それはつまり、変容した現在としての過去ないし未来ですらないものへの関係ということだ。それがそれ自体であるためには一つの空隙が、それをそれでないものから分離していなければならないのだが、それを現在において構成するこの空隙はまた同時に、この現在をそれ自体において分割するはずのものであり、かくしてそれは現在とともに、現在から出発して思考し得るすべてを、すなわち、すべての存在者を、われわれの形而上学の言語でいえばとりわけ実体あるいは主体を分割するのである。(23)

「三世裁断の名号に帰入」すると言うとき、そしてそこが「無始無終の往生」であると言うとき、一遍がリアルに触知しているのはおそらく、このような「痕跡」、「起源からして一つの痕跡」であるような「間隔化」のはたらきに穿たれた「非－自己同一性」としての〈時間〉である。それは、その原理からして「主体」に「生ける現在」のうちに安住することを許さない。まったく逆に、それは「生ける現在」の継起的連鎖という制度化された幻想から主体を追放し、それを「分割」する。だが、その経験こそが一遍の言う「往生」なのだ。そして、それはまったき現実の出来事、それをとおして裸形の時間、時間のリアルに私たちを晒し出す現実の経験である。つまり、始まりから終わりへと、誕生から死へと、〈今＝現在〉の連鎖として目的論的に整序化された有限性から積極的に逸脱し、その継起的秩序の内部に開かれた外部とも言うべき「空隙」の中で、みずからの牛を始まりも終わりもない運動にゆだねること、そのようにして過去・現在・未来という時間性を解体し、その代わりに、その場所を来たるべき死がつねにすでに生きられたことになるだろう、そんな反復の舞台と化すこと。一遍がその「独一」の念仏によって開いたのは、そのような現在なき反復の経験領野、無限の中間地帯、すなわち、永劫回帰としての往生の地平にほかならない。事実、一遍はつぎのようにも言っている――

　今の名号は能所一体の法なれば、声の中に三世をつくす不可思議の法なり。(24)

帰依する者と帰依される者、衆生と阿弥陀仏が「一体」となった「法」にほかならぬ名号は、それを称える声の中に「三世をつくす」。つまり、南無阿弥陀仏の一声こそが、過去・現在・未来という時間の継起的秩序がそこにおいて脱構築される場となるのだ。その「不可思議の法」、一心不乱の力……。

法然による「本願」の構造の発見とそれに準拠した称名念仏による支配的想像界からの脱却、親鸞における実存的賭けとしての「信」とそれが約束する「現生正定聚」、そして一遍が遂行する「三世」の脱構築としての称名念仏の刻――こうして私たちは現実の経験としての往生の諸相をたどってきた。現在の社会状況、そのリアルな悲惨の数々を前にして、私たちが往き、生まれ、生まれ続けるべき浄土は、今、どこにあるか。

註

（1）大橋俊雄『法然全集』第三巻、春秋社、一九八九年、二五三頁。
（2）『浄土真宗聖典――註釈版　第二版――』浄土真宗本願寺派総合研究所編、本願寺出版社、二〇一三年、三〇七頁。
（3）『一遍上人全集』橘俊道・梅谷繁樹訳、春秋社、二〇一二年、一九三頁。
（4）大橋俊雄『法然全集』第二巻、春秋社、一九八九年、一七七頁。
（5）同書、一八八頁。
（6）同書、一八九頁。
（7）鈴木大拙『日本的霊性』岩波文庫、一九七二年、一六一頁。

（8）大橋俊雄『法然全集』第二巻、前掲書、二九七－二九八頁。
（9）同書、二六二頁。
（10）同書、二六三－二六四頁。
（11）『浄土真宗聖典』前掲書、三〇七頁。
（12）『浄土三部経（上）無量寿経』中村元・早島鏡正・紀野一義訳註、岩波文庫、一九九〇年、一五六頁。訳文軽度に変更。
（13）『浄土真宗聖典』前掲書、一五五頁。
（14）『浄土三部経（下）観無量寿経・阿弥陀経』中村元・早島鏡正・紀野一義訳註、岩波文庫、一九九〇年、一三九頁。
（15）同書、一七三頁。
（16）同右を参照。
（17）『浄土真宗聖典』前掲書、七〇三頁。
（18）同書、七三五頁。
（19）『一遍上人全集』前掲書、一五〇－一五一頁。
（20）同書、一五五－一五六頁。
（21）同書、一六一－一六二頁。強調引用者。
（22）Jacques Derrida, *La voix et le phénomène*, PUF, 1967, pp. 95-96. 強調引用者。（ジャック・デリダ『声と現象』林好雄訳、ちくま学芸文庫、一八六－一八七頁。）
（23）Jacques Derrida, *Marges—de la philosophie*, Éd.de Minuit, 1972, p. 13. 強調引用者。（ジャック・デリダ『哲学の余白（上）』高橋允昭・藤本一勇訳、法政大学出版局、二〇〇七年、五一頁。）
（24）『一遍上人全集』前掲書、一八二頁。

あとがき

本書は、私の廻心《えしん》の記録である。廻心――それは親鸞が「廻心といふこと、ただひとたびあるべし」と言い、「廻心といふは自力の心をひるがへし、すつるをいふなり」と言った、宗教的「信」のまったき転回を指す、あの廻心である。

私は、浄土宗の寺に生まれ育った。小さな町寺とはいえ、一六二四〔寛永元〕年に創設された三九〇年以上の歴史を持つ寺である。その寺の代々血脈と法脈を継いできた第二十一世として私は生を受け、今日までその法灯の護持に努めてきた。だが、僧侶としての私の心のあり方は、およそ浄土宗徒らしからぬものだった。高等教育を大学院で受けたが、その最終的な専門領域はフランス現代文学・哲学であり、その知を自分なりの仕方で極めることが私のつねに変わらぬ目標だった。僧侶へむけての修行は、浄土宗の総本山や大本山における養成道場でその定めにしたがって継続的に行ない、二十四歳のときに加行《けぎょう》と呼ばれる最終的な伝宗伝戒の行を修め正式に僧侶の身となった。しかし、私のアイデンティティはなかば宗教者でありなかば人文学研究者であるという、半端なものであった。実際、私の日常は、一方で毎朝本堂で勤行をし、土曜日・日曜日には檀信徒各位の求めに応じて法要を営み、他方で日々デリダやドゥルーズの著作を読み、機会があればみずから翻訳し、そしてその思考をめぐって著書や論考を書くという、二極に引き裂かれたものだった。

その引き裂かれた心に転回が起きた。ただし、あらゆる純粋な出来事がそうであるのと同様に、私の場合も、それを現在進行形で認識することはできず、ただそれが起きていたことを事後的に知ることができただけである。

数年前のある日、大きな美術館の企画展のプログラムの一つとして、私は亀井文夫監督のドキュメンタリー『流血の記録 砂川』(一九五七年)を観る機会があった。五〇年代の美術作品の展示の数々の掉尾を飾る場所で上映されていたその作品は、米軍基地建設を進めようとする国に対峙して、みずからの土地を守ろうとする農民たち、そして連帯する学生たちの闘争を生々しく描く傑出したフィルムだったが、国の強権的介入を阻止し切った農家の人々の晴れやかな笑顔を映しながら、ナレーションが最後にこう告げた――「砂川の人々はこうして今年も麦を蒔き、来年も麦を蒔くのです」。その瞬間、私は泣いた。私は泣き、涙が溢れ、とめどなく流れた。あまりに激しい感情の湧出を抑えるすべはなく、そして私は泣きながら思った――なんて俺は馬鹿なんだ、たかが大学教員のくせに、知的ぶって、いっぱしの知識人ぶって、状況を「分析」して、なにかを分かったつもりになって、こんな俺なんかより、あの人たちのほうがはるかに偉いじゃないか、なにがあっても、どんな弾圧にあっても、今年も麦を蒔き、来年も麦を蒔く、あの人、あの顔のほうがはるかに立派じゃないか、はるかに尊いじゃないか、俺は、ほんとうの馬鹿だ……。

たぶん、これが最初のはっきりした現れだった。そしてこのとき以後、私は幾度も同じ感情の湧出を経験した。長く愛読してきた現代詩人の作品からまるではじめて読むかのような新鮮な衝撃を受けて泣き、馴染み覚えた音楽の数々をあらためて聴いてはこれもそのつどはじめての響きに心を洗われるような感動に震えて泣き、それどころか真冬の朝目覚めて見上げた空の青がこんなにも美しいと言っては泣き、春へと移る季節の風の中に漂う沈丁花の香りが切ないと言っては泣いた。世界が、その無数の悲惨、悪、カタストロフィーにもかかわらず、それでもこんなにも美しく豊かであることに、そしてその中にこの私が生きてあることが文字どおり〈あり－がたい〉奇跡であることに、なぜ今まで気づかなかったのか。そしてなによりも、念仏を称えるとき、すなわち「南無阿弥陀仏」の六字の名号を口にするたびに、私は自分の心身が強く温かな情動に充たされるのを感じ、ときとして法要の導師を勤めながら泣き、しかるべき声にならないことすらあった。

一つの心的装置が解除された――そう言えば、少しは論理的説明になるかも知れない。それまで「知」的であることに最優先の価値をおき、万事において分析的理性を働かせ判断することがみずからに固有の力であり、みずからの美質であるとすら自負してきた私に、なにかが呼びかけた。その呼び声が告げたのはおそらく、「然り、然り」という、私の存在を私自身が意識し想像し投企する範囲をはるかに超えて絶対的に肯定し包摂する言葉、それゆえに私に「自我」の鎧を脱ぎ捨てさせ、私の存在のすべてを他なる力にむけて開かせる、そんな言葉であっただろう。他力にゆだねられてあること、すなわち、大慈悲に刺し貫かれてあること――それこそが、あるとき私に起きた出来事だったということになるだろう。

それ以来、私はみずからの生の態度をあらためた。否、今まさにあらためつつあるところだと言わねばならない。もし、ほんとうに他力の教えに身をゆだね切ったならば、このような本を書くこと自体、迷いにすぎないと知り、書物を捨ててひたすら念仏を称えることで充足できるはずだからだ。しかし、そうとは知りつつ、私はこの本を差し出す。それはただ、私がたどった道、すなわち、自力と作善の知性主義から解放され、自我の桎梏が崩れ去る領野へと他力によって追放されるというこの経験が、今日の私たちにとって普遍的な意味を持つと信ずるからである。その最小限度の理路、最小限度の思考の破片のいくつかを集約し、私はこの本に叩き込んだ。今はただ、そのメッセージが一人でも多くの人々のもとに届くことを祈念するだけである。

＊

この本の成立のために助力してくださった方々に、深い感謝の意を表したい。

誰よりもまず、浄土宗・専念寺の檀信徒の皆さまに――住職としての責務を十全に果たせず、大学教員などという世俗の仕事にかまけて寺を留守にしがちの身勝手を赦してくださる各位の温かなご理解がなければ、このささやかな本の執筆も不可能だった。そのお顔の一つひとつを想起しながら、ただ頭《こうべ》を垂れるのみである。

浄土宗東京教区城西組牛込部の各寺院の諸大徳、とりわけ宗源寺・前住職の林柏樹さん、法正寺・住職の久野真人さんに――お二人は私の兄弟子であり、長年にわたり厚情の手を差し伸べ続けてくださっている。

早稲田大学法学学術院の同僚の先生がた、ことにフランス語・スペイン語合同打ち合わせ会の塚原史、立花英裕、吉田裕、谷昌親、中村隆之、岩村健二郎、石田智恵さんに――大学を市場の論理に従属させようとするさまざまな圧力のもとで、私たちに課せられた責務は重い。その課題を、しかし、どこまでもしなやかに実現すべく、ともに尽力させていただきたいと願う。

そして、河出書房新社の阿部晴政さんに――阿部さんは『千のプラトー』翻訳と同時に刊行された共同論集『ドゥルーズ横断』（一九九四年）以来、私にさまざまな執筆機会を与え、鍛えてくださった恩人である。しばらくぶりでお会いし、これまでの私の著作とはまったく異なるこの本の構想をお伝えすると、しかし、阿部さんは私の企図とその背景にある心をただちに理解し、その場で出版を快諾してくださった。執筆開始後は、各章を送るたびに返してくださる核心をつく評言が、私の支えであり続けた。「他力」についての深い理解にもとづくその励ましがなければ、本書の完成はなかった。言葉に尽くせぬ感謝を記させていただく。

その他、妻・章子、そして一つひとつお名前を挙げることは差し控えるが、私が仕事と日常をともにしている多くの方々にもまた、御礼の挨拶をお送りする。

本書を亡父・守中裕幸、亡母・好芽の記憶に捧げることをお許しいただきたい。私に生を与えてくれたその起源のほどこしに、本書が応え得るものであることを祈る。

二〇一八年〔仏暦二五六一年〕一〇月三〇日

守中高明

＊本書は、文部科学省科学研究費助成事業（学術研究助成基金助成金）基盤研究（C）課題番号18K00050：研究課題名「ジャック・デリダにおける宗教哲学の諸問題」の成果の一部である。

＊引用文献

・大橋俊雄『法然全集』全三巻、春秋社、一九八九年。
・『法然上人絵伝』（上）（下）大橋俊雄校注、岩波文庫、二〇〇六年。
・『法然　一遍』大橋俊雄校注、「日本思想大系10」岩波書店、一九七一年。
・『浄土真宗聖典――註釈版　第二版――』浄土真宗本願寺派総合研究所編、本願寺出版社、二〇一三年。
・『一遍上人全集』橘俊道・梅谷繁樹訳、春秋社、二〇一二年。
・『鎌倉旧仏教』鎌田茂雄・田中久夫校注、「日本思想大系15」岩波書店、一九七一年。
・源信『往生要集』（上）（下）石田瑞麿訳注、岩波文庫、二〇一七年。
・『源信』川崎庸之責任編集、「日本の名著4」中央公論社、一九七二年。
・『浄土三部経』（上）（下）中村元・早島鏡正・紀野一義訳註、岩波文庫、二〇一四年。
・『浄土宗全書』第十五巻、浄土宗開宗八百年記念慶讃準備局、山喜房佛書林、一九七一年。
・林純教『蔵文和訳　般舟三昧経』大東出版社、一九九四年。
・『聖書　新共同訳』日本聖書協会、一九八七／一九八八年。

・鈴木大拙『日本的霊性』岩波文庫、一九七二年。
・南直哉『超越と実存――「無常」をめぐる仏教史』新潮社、二〇一八年。
・柳宗悦『南無阿弥陀仏』岩波文庫、一九九二年。
・吉本隆明『最後の親鸞』ちくま学芸文庫、二〇〇二年。

・稲田輝明「時の判例　一、死刑選択の許される基準　二、無期懲役を言い渡した控訴審判決が検察官の上告により量刑不当として破棄された事例」、『ジュリスト』一九八四年一月一－一五日（八〇五）号、有斐閣。

・大谷実・宮沢浩一「対談　永山事件最高裁判決と死刑制度」、『法学セミナー』一九八三年一〇月（三四五）号、日本評論社。
・墨谷葵「死刑選択の許される基準」、『ジュリスト』臨時増刊一九八四年六月一〇日（八一五）号、有斐閣。
・ＴＫＣ法律情報データベース「ＬＥＸ／ＤＢインターネット」。
・永山則夫『無知の涙　増補新版』河出文庫、二〇一六年。
・堀川惠子『死刑の基準――「永山裁判」が遺したもの』講談社文庫、二〇一六年。
・「基本的法制度に関する世論調査」内閣府大臣官房政府広報室、二〇一五年一月。

・ハンナ・アレント『人間の条件』志水速雄訳、ちくま学芸文庫、一九九八年。（Hannah Arendt, *The Human Condition*, The University of Chicago Press, 1998.）
・ヴァルター・ベンヤミン『暴力批判論 他十篇』野村修編訳、岩波文庫、一九九四年。
・ジャック・デリダ『声と現象』林好雄訳、ちくま学芸文庫、二〇一〇年。（Jacques Derrida, *La voix et le phénomène*, PUF, 1967.）
・同『哲学の余白』（上）高橋允昭・藤本一勇訳、法政大学出版局、二〇〇七年。（Jacques Derrida, *Marges—de la philosophie*, Éd. de Minuit, 1972.）
・ジル・ドゥルーズ＆フェリックス・ガタリ『千のプラトー――資本主義と分裂症』（上）（中）（下）宇野邦一・小沢秋広・田中敏彦・豊崎光一・宮林寛・守中高明訳、河出文庫、二〇一〇年。（Gilles Deleuze et Félix Guattari, *Mille Plateaux—Capitalisme et Schizophrénie*, Éd. de Minuit, 1980.）
・ジル・ドゥルーズ「内在――ひとつの生……」小沢秋広訳、『ドゥルーズ・コレクション Ｉ 哲学』河出文庫、二〇一五年。（Gilles Deleuze, «L'immanence : une vie...»,in *Deux régimes de fous—Textes et entretiens 1975-1995*, Éd. de Minuit, 2003.）
・マルティン・ハイデガー『存在と時間』原佑・渡辺二郎訳、「世界の名著62」中央公論社、一九七一年。
・イマヌエル・カント『人倫の形而上学』吉澤傳三郎・尾田幸雄訳、「カント全集」第十一巻、理想社、一九九三年。
・ジャン＝リュック・ナンシー『複数にして単数の存在』加藤恵介訳、松籟社、二〇〇五年。（Jean-Luc Nancy, *Être singulier pluriel*, Éd. Galilée, 1996.）

・フリードリッヒ・ニーチェ『善悪の彼岸 道徳の系譜』信太正三訳、「ニーチェ全集11」ちくま学芸文庫、一九九三年。
・同『偶像の黄昏 反キリスト者』原佑訳、「ニーチェ全集14」ちくま学芸文庫、一九九四年。
・マルセル・モース『贈与論 他二篇』森山工訳、岩波文庫、二〇一四年。（Marcel Mauss, *Sociologie et anthropologie— Précédé d'une Introduction à l'œuvre de Marcel Mauss*, PUF, 2013.）

＊参考文献

・法然『選択本願念仏集』大橋俊雄校注、岩波文庫、一九九七年。
・『親鸞全集』全四巻＋別巻、石田瑞麿訳、春秋社、二〇一〇年。
・親鸞『教行信証』金子大栄校訂、岩波文庫、二〇一五年。
・親鸞『歎異抄 教行信証』（Ⅰ）（Ⅱ）石田瑞麿訳、中公クラシックス、二〇〇九年。
・『親鸞』星野元豊・石田充之・家永三郎校注、「日本思想大系11」岩波書店、一九七三年。
・『一遍聖絵』聖戒編、大橋俊雄校注、岩波文庫、二〇一五年。
・源信『往生要集 全現代語訳』川崎庸之・秋山虔・土田直鎮訳、講談社学術文庫、二〇一八年。
・阿満利麿『法然の衝撃——日本仏教のラディカル』ちくま学芸文庫、二〇一一年。
・同『親鸞・普遍への道——中世の真実』ちくま学芸文庫、二〇〇七年。
・網野善彦ほか『日本歴史の中の被差別民』奈良 人権・部落解放研究所編、新人物往来社、二〇〇八年。
・今村仁司『親鸞と学的精神』岩波書店、二〇一〇年。
・梅原猛『法然の哀しみ』、「梅原猛著作集10」小学館、二〇〇〇年。
・『三条西家本 栄花物語』（上）（中）（下）三条西公正校訂、岩波文庫、二〇一四年。

・栗原康『死してなお踊れ――一遍上人伝』河出書房新社、二〇一七年。
・鈴木大拙『浄土系思想論』岩波文庫、二〇一六年。
・平雅行『日本中世の社会と仏教』塙書房、二〇〇一年。
・竹村牧男『親鸞と一遍――日本浄土教とは何か』講談社学術文庫、二〇一七年。
・『西田幾多郎哲学論集 Ⅲ――自覚について 他四篇』上田閑照編、岩波文庫、二〇一六年。
・山折哲雄『法然と親鸞』中公文庫、二〇一六年。
・吉本隆明『未来の親鸞』春秋社、一九九〇年。
・同『論註と喩』言叢社、一九七八年。
・同『〈信〉の構造 Part1――吉本隆明全仏教論集成』春秋社、一九八九年。
・四方田犬彦『親鸞への接近』工作舎、二〇一八年。

守中高明（もりなか・たかあき）
1960年東京生まれ。早稲田大学法学学術院教授。浄土宗・専念寺住職。
著書に『脱構築』（岩波書店、1999年）、『存在と灰——ツェラン、そしてデリダ以後』（人文書院、2004年）、『法』（岩波書店、2005年）、『終わりなきパッション——デリダ、ブランショ、ドゥルーズ』（未來社、2012年）、『ジャック・デリダと精神分析——耳・秘密・灰そして主権』（岩波書店、2016年）などが、詩集に『守中高明詩集』（思潮社、現代詩文庫157、1999年）、翻訳にデリダ『シボレート——パウル・ツェランのために』（共訳、岩波書店、1990年）、同『たった一つの、私のものではない言葉——他者の単一言語使用』（同前、2001年）、同『コーラ——プラトンの場』（未來社、2004年）、同『精神分析の抵抗』（共訳、青土社、2007年）、同『赦すこと——赦し得ぬものと時効にかかり得ぬもの』（未來社、2015年）、ドゥルーズ＆ガタリ『千のプラトー』（共訳、河出文庫、2010年）、ドゥルーズ『批評と臨床』（同前）などがある。

他力の哲学　赦し・ほどこし・往生

2019年2月18日　初版印刷
2019年2月28日　初版発行

著　者　守中高明
装　幀　桂川潤
発行者　小野寺優
発行所　株式会社河出書房新社
〒151-0051　東京都渋谷区千駄ヶ谷2-32-2
電話　(03)3404-1201（営業）　(03)3404-8611（編集）
http://www.kawade.co.jp/

組版　株式会社キャップス
印刷　モリモト印刷株式会社
製本　小高製本工業株式会社

Printed in Japan
ISBN978-4-309-24900-1